财经郎眼 11

中国制造业下一步：从制造到营造

郎咸平　王牧笛　王今　等◎著

人民东方出版传媒
東方出版社

图书在版编目（CIP）数据

财经郎眼．11, 中国制造业下一步：从制造到营造 / 郎咸平，王牧笛，王今 著．—北京：东方出版社，2018.11

ISBN 978-7-5207-0586-8

Ⅰ．①财… Ⅱ．①郎… ②王… ③王… Ⅲ．①中国经济—研究 Ⅳ．① F12

中国版本图书馆 CIP 数据核字（2018）第 212779 号

财经郎眼 11　中国制造业下一步：从制造到营造

（CAIJINGLANGYAN11　ZHONGGUO ZHIZAOYE XIAYIBU:CONG ZHIZAO DAO YINGZAO）

作　　者：郎咸平　王牧笛　王　今　等
责任编辑：陈丽娜　李鹏飞
出　　版：东方出版社
发　　行：人民东方出版传媒有限公司
地　　址：北京市东城区东四十条 113 号
邮政编码：100007
印　　刷：三河市金泰源印务有限公司
版　　次：2018 年 11 月第 1 版
印　　次：2018 年 11 月第 1 次印刷
开　　本：710 毫米 ×1000 毫米　1/16
印　　张：11.75
字　　数：152 千字
书　　号：ISBN 978-7-5207-0586-8
定　　价：48.00 元
发行电话：（010）85924663　85924644　85924641

序言　中国制造业下一步：从制造到营造

郎咸平

各位朋友，呈现在您面前的这本书，是近几年来，通过我的电视节目《财经郎眼》，呈现的有关我对中国制造业的思考结集。各位知道，我从2004年就呼吁：中国经济的成功一定是制造业的成功，中国经济的危机，一定是制造业的危机。今日中国经济的问题，表面上是债务危机、贸易危机，其本质还是制造业的危机。对这一点，我深信不疑。

政府需要思考的是营造

我从2003年起，就带领我的研究团队，对全球，包括中国300多家制造业企业，进行了案例研究。我的关于制造业的上述结论，就是我研究得出的结论。同时针对中国制造业，我提出了"6+1"产业链理论，也提出了20多个行业的产业本质。这本合集，应该是上述研究的继续和深入。今天中国制造业面临的危机和问题，是系统性的和全方位的，已经不能仅从制造业本身的研究找到答案了。俗话说，"工夫在诗外"。我得出的结论是，中国制造业，必须从"中国制造"升级转型到"中国营造"。什么是"营造"？就是打造有利于制造业发展的营商环境，就是政府不断强调的"脱虚向实"。这很显然，政府已经承认了我们的产业过去已经"脱实向虚"了，这就是我们制造业危机的症结所在。

"中国营造"，这显然是政府的责任了。那么如何来"营造"呢？经过我多年的研究，政府至少该从大幅降低税费、对制造业大幅降低地价、取消大部分审批（实施制造业负面清单制度）、反垄断和反不正当竞争以规范市场秩序、保护知识产权以激励创新、改善制造业融资环境、重建为制造业服务的教育体系、取消大部分职业资格证书、清理与制造业相关的法律法规以消除阻碍制造业发展的法律障碍、营造好国际投资和贸易环境等十个方面下足功夫。这些措施，就是“中国营造”。我在这里希望有关方面好好研究我这十个方面的系统化建议，请注意，这是系统化建议呀！

问题的症结到底是什么

热热闹闹的中美贸易战的本质是什么？如果抛开政治军事因素，我告诉各位，中美贸易战的本质是中美制造业的战争。“中国制造 2025”计划旨在将中国打造成为制造强国。中国将在大多数新科技领域赢得巨大的市场份额。美国商务部长罗斯气急败坏地说，“中国制造 2025”是一个直接的威胁。请各位朋友回顾并思考一下，从奥巴马到特朗普上任，他们呼吁发展什么行业，地产吗？不，制造业！我告诉各位，美国发动贸易战是项庄舞剑意在沛公，是打击我们的制造业。这就是本书第一章我们要探讨的内容。

我们现在必须要有一个清醒的认识，制造业才是中国的灵魂。因为只有制造业才能够真正创造财富，其他行业，什么地产、银行、股市都是财富的再分配，它们是不创造财富的。中美贸易战直接受到冲击的就是中国的外贸企业，我们一定要有忧患意识，千万不能把别人的威胁当成自己强大的证明，要认真分析评估当下中国外贸企业形势及所面临的困境。目前，我们的外贸企业至少面临四大困境：一是订单难；二是商品流通难；三是成本优势不再；四是融资难。那么，面对这么多困难怎么办？在这个大数据时代，平台是唯一的希望。因为大数据时代正在呼唤下一代具有讯息差异化的卓越睿智的企业家带领中国制造业走向一个新层面。这是本书第二章的主要内容。

在本书第三章，我们将对中国和西方制造业各自的优势进行一个客观的评比。中国制造业拥有全世界其他国家所没有的一个重大优势，叫作大而全。根据联合国的报告显示，全世界只有中国一个国家拥有所有的分类工业，传统中的工业强国德国、美国、日本都没有。所以中国这个数量是全世界最庞大，而且工业种类也是全世界最齐全的。既然如此的话，我们心目中的工业强国美国、德国、日本它们的优势是什么呢？它们的优势叫作小而精。高端制造业它们拥有优势。具体体现在芯片产业、软件、智能手机、互联网、民航客机、高端零部件等等。在本章中，将给各位做一个前所未有的分析：美国从1860年开始到底做了什么事，让它变成了制造业强国？今天我们中国走在这个“十字路口”，如果做好当年美国做的这些事，是有机会从大而全的制造业大国，转变成为我们大家所希望的制造业强国！

近些年有很多的重要新闻出现，比如说大飞机C919，比如说“中国制造2025”，大家猜一下它们的灵魂是什么？是工业设计，工业设计是制造业的灵魂。你能想象得到工业设计能够带来多少实惠吗？根据英国设计创新行业组织BDI的评估，英国的创新设计，投入1英镑，它的回报是225英镑，225倍。美国工业设计师协会（IDSA），它们的数据显示，美国的工业设计投入1美元，回报是1500美元，不可想象。除此之外，“工匠精神”和“品牌经营”是制造业成功与否的两大关键因素。“中国制造2025”能否成功的重要下一步就是要看我们怎么做。通过本书第四章、第五章和第六章的内容，我们的有关部门、读者朋友以及企业家将获得一些富有成效的建议。

有一段时间福耀玻璃的掌门人“曹德旺跑了”成了个网络热词，当然他本人也是澄清他只是准备在美国有一个10亿美元的投资。但是我们发现近两年一旦有资本大佬准备海外投资新闻出现，就会挑动我们民众的神经。是怎样的“推拉效应”促使他们选择了去海外建厂，去哪里建不好，还偏偏去正在和中国进行贸易战的美国建厂？在当下的语境下，我们为什么希望中国的企业留下来而不是走出去？这就是本书的第七章，我们需要认真分析和思考的内容。

众所周知，汽车是“改变世界的机器”和推进国民经济向前发展的“发动机”。中国最大、最强、最具潜力和最具光明前途的经济实体就是汽车产业。2017 年 9 月 28 日，国家五部委联合发布双积分政策推动新能源汽车的发展，可以说是半强制性的国家意志推行新能源汽车，我们能不能在新能源汽车这个全新产业或者产业升级的这个弯道实现超车，中国新能源汽车的发展还需要哪些方面的努力？以后我们身边的出行和汽车市场会发生怎样的改变？本书第八章我们将共同讨论这些方面的内容。

2018 年 10 月 10 日，第三届 HUAWEI CONNECT 2018（华为全联接大会）在上海世博展览馆和世博中心拉开帷幕。华为轮值董事长徐直军先生登台发表主题演讲，重磅公布了华为 AI 战略及全栈全场景 AI 解决方案，现场发布了两款 AI 芯片——昇腾 910 和昇腾 310。徐直军表示，华为昇腾 910 是目前全球已发布的单芯片计算密度最大的 AI 芯片，而昇腾 310 则是目前面向计算场景最强算力的 AI SoC。中国的手机行业“缺芯”一直被外界所诟病，国产华为也确实为中国制造争了口气。还有一个令人振奋的消息是，华为竟然还拿到了 5G 的标准。华为的研发积累经验，是中国企业应该认真学习的。5G 标准具体是指什么，为什么华为拿到 5G 的那个标准如此难得？ 5G 时代又是一个怎样的自动化时代，我们的生活将会发生怎样的改变？在本书的第九章，这些都是需要我们一块儿探讨和想象的。

回顾过往，改革开放 40 年中，中国作为“世界工厂”，强大的加工贸易为我们跻身世界第二大经济体立下了汗马功劳，但是我们的制造业今天的处境十分危险：美国的围堵，东南亚、墨西哥的步步紧逼，中国制造业“前有狼，后有虎”，升级转型踌躇不前，中国制造业的未来在哪里呢？一句话，在于政府必须打造有利于制造业发展的营商环境。

中国经济如今进入新常态，什么是新常态？其实说到底就是经济增速放缓并持续下行的一个委婉说法。新常态的提出，意味着中国政府终于彻底“放弃保八”，直面中国经济中的结构性问题。不能再用“拖字诀”，也不能再用调控来代替改革、以投资来代替改革。这不是一个轻松的任务，相反，这是一场硬仗，尤其需要政府壮士断腕的勇气和决心，痛定思痛进行改革。其实还是归于政府与市场到底应该是一种什么关系？老生常谈的说法是“政府的归政府，市场的归市场，社会的归社会”，政府只是“搭台”，而企业和社会上去“唱戏”。这个说法固然没错，但问题是，这个“台”究竟怎么搭才合适？在本书结尾的第十章，我们将共同讨论中国政府应做好哪几个主要方面的制度建设来打造有利于中国制造业发展的营商环境，即如何“搭好台”的问题。

归根到底，政府必须通过一切必要手段，实现从“野蛮生长式市场经济”向“规范化市场经济”转型，保证实现一个既规范又自由竞争的市场稳定运行。按照经济学定义，“规范市场”具体表现为充分竞争、公平有序；但现实却远比经济学教科书定义的完美自由市场更复杂，包括严格的质量检测标准、宽松的市场准入和严格的退出机制、严格的监管机制、多种竞争的产权体制、严惩欺诈行为、合理的税费，以及应对危机的系统办法。显然，这些苛刻条件都不是“看不见的手”自发就能形成的，而必须是“看得见的手”有意识调控的结果。

最后，我要感谢广东卫视的王今女士和王牧笛先生，他们与我一起打造了这档全国最受欢迎的财经节目，他们也是本书的当然作者之一。同时也要感谢马光远、王福重等众多参与节目的嘉宾，本书也展现了他们的思想和智慧。还要感谢以马行空为首的我的研究团队，本书的很多资料，均来自于他们辛勤的奉献。最后还要感谢东方出版社我的专职编辑团队，在本书的内容结构设计上，他们有着不可或缺的贡献。

目 录

CONTENTS

第一章

中美贸易战让我深感忧虑

“中国制造 2025”计划旨在将中国打造成为制造强国。中国将在大多数新科技领域里面赢得巨大的市场份额。美国商务部部长罗斯气急败坏地说，“中国制造 2025”是一个直接的威胁。听到没有，间接的威胁他都不接受，何况是个直接的威胁。请各位朋友思考一下，从奥巴马开始到特朗普上任，他们呼吁发展什么行业，地产吗？不，制造业！我告诉各位，美国发动贸易战是项庄舞剑意在沛公，如果我们不小心应对的话，将产生极其严重的后果。

迪一声

我特别喜欢看电影，尤其喜欢看那种超级英雄的电影。小的时候喜欢谁，如今到了油腻的年龄依然喜欢谁。不是有那么一句话吗？男人只会变老，但从不长大。

我注意到漫威电影中美国的超级英雄有两个重要的规律：一个是富人靠科技，一个是草根靠变异。但是除了科技和变异，还有一个东西对于超级英雄非常重要，就是神秘的金属，我们管它叫硬货。

神秘的金属对于很多英雄非常重要。比如第一种，对超级英雄非常重要的金属叫艾德曼合金，金刚狼的骨骼和爪子都是这个合金。这个合金是最坚硬的金属，无坚不摧。

还有一个超级英雄也是艾德曼合金，美国队长的盾牌。我一度怀疑这种金属是有磁性的，电影里面只要盾牌一拿出来，所有的子弹都会往盾牌上飞，没有往别的地方飞过。但是我还发现了一个问题，因为金刚狼的爪子能刺穿一切，美国队长的盾牌能挡住一切。我想到了一个中国的寓言，这难道不是复联版的自相矛盾吗？

第二种神秘的金属就是振金又叫吸音钢，是瓦坎达的特产，黑豹用这种振金来做自己的战衣和武器。这种金属有两大特点：第一个特点是它可以不被探测到，还有一个特点就是非常贵，一克振金一万美金和比特币等价。所以它不是吸音钢应该改个名字叫吸“金”钢。看过黑豹的都知道振金，吸音钢是瓦坎达特有的资源，但是这种独特的资源从来不出口。因为作为国家首脑黑豹担心贸易顺差。同样作为国家首脑大洋彼岸的特朗普，他也特别在意贸易逆差。如此特朗普搞了好多事情，除了解雇了他的国务卿之外，他也对我们所熟悉的两类金属征了关税：钢铁和铝贸易大战一触即发。有关于贸易战这个话题，有请我的搭档，著名经济学家“郎旋风”郎咸平先生。

郎来了

一、莱特希泽，何许人也

2018 年 3 月 1 日，特朗普一句话激起千层浪。为什么呢？他要对全世界的钢跟铝征收关税。所以我们国内很多媒体报道跟专家说，他这个行动是挑衅了全世界的自由贸易，甚至还有的媒体这么讲：中国（钢铁）对美国出口只占了 2% 而已，中国不会受到伤害。

你们知道我读完这些报道之后什么感觉吗？你们小看特朗普了，你们小看美国了。我为什么这么说呢？各位还记不记得 1985 年“广场协议”事件？当时的日本如日中天：1984 年人均国内生产总值超过美国，1985 年凌驾苏联，成为第二大经济体。接着呢，大肆收购美国的企业，包括洛克菲勒中心等，然后汽车、家电产品疯狂地进入美国，最后“广场协议”签订。结果呢？日本的一切就此结束，皆成泡影。

那么你们想不想知道这一切是谁造成的？就是罗伯特·莱特希泽，他是美国当时的贸易副代表，“广场协议”就是他推动的。他讲了一句话：“美国经常收支逆差滋长了保护主义势头，若不予以控制则有可能引发相互采取破坏性报复行为。”最后还有一句话，“进而危害世界经济”，记住那是 1983 年的罗伯特·莱特希泽。

各位再猜一下 2017 年的美国贸易代表是谁？这个人 70 岁了，重出江湖，各位知道吗？2017 年，特朗普任命同一个人，他又讲了一句相同的话：“美国将使用所有可以用的工具向中国贸易施压，中国的政策导致了全球资源的严重分配不当。”又是最后一句话“让所有国家都变得更加贫困”。什么意思？就因为当时日本“危害”了世界经济，因此美国要予以制裁，这就是“广场协议”的幕后推手 30 余年后重出江湖。

二、今天的中国和 1985 年的日本何其相似

各位知道吗？数据说话：

第一，当时日本是世界第二大经济体，今天的中国也是。

第二，请看下面这张图：

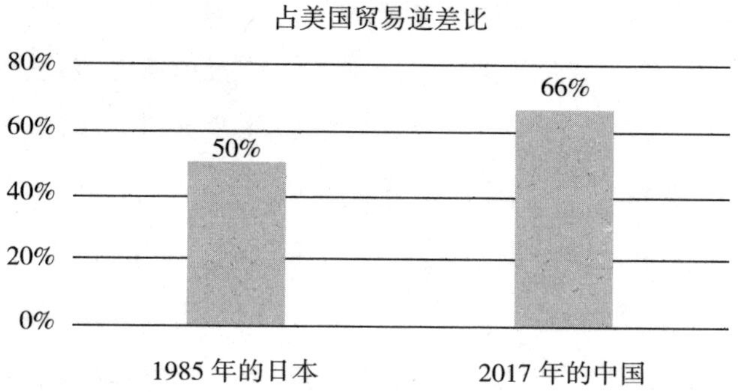

1985 年的日本占美国贸易逆差是 50%，今天呢？2017 年的中国占到美国贸易逆差的 66%，各位看到没有？

第三，当时日本的汽车家电产品输出美国，今天呢？中国的纺织品家电产品更别说了，你们都清楚的。当时日本大肆进入美国收购美国公司，今天的中国公司何尝不是如此呢？三大相同现象势必激起美国的反扑。

请注意特朗普 2018 年 3 月 1 号发表声明要征收钢铝关税，为什么是钢铁？因为钢铁是资本和人工最集中的行业，因此一旦讲起钢铁的话会引起全世界的关注。可是我告诉你们钢铁只占美国 2% 而已，无足轻重。就是因为无足轻重，所以找钢铁下手什么目的？联合欧盟跟日本全力狙击中国。

三、贸易战打什么：项庄舞剑，意在沛公

不信对不对？根据 Worldtradeonline 公布的信息，Worldtradeonline 是非常权威的一个网站，长期采访华盛顿高官披露独家信息 ,2017 年 12 月第一

个信息是公开信息。莱特希泽说："将合作对抗第三方国家受到政府支持且扰乱市场秩序的贸易行为。"2018 年 3 月 10 日莱特希泽计划对欧盟和日本透露对中国的"301"的调查结果，希望知道日本和欧盟的反应，并和他们达成一致的战略。因为美国可能对数百种中国商品征收针对性关税，并督促中国开放投资限制，这才是会面的关键。明修栈道，暗度陈仓；项庄舞剑，意在沛公。打一个什么？打一个你想都想象不到的钢铁。因为中国认为只有 2%，如果因为这样你就认为我们不会受到伤害，那你就错了。

2018 年 1 月 24 日，美国商务部部长罗斯气急败坏地发言说：下一个挑战将是"中国制造 2025"，"中国制造 2025"计划旨在将中国打造成为制造强国。中国将在大多数你可以说出拼写出的新科技领域里面赢得巨大的市场份额。罗斯气急败坏地说，"中国制造 2025"是一个直接的威胁。听到没有，间接的威胁他都不接受，何况是个直接的威胁。请各位朋友思考一下，从奥巴马开始到特朗普上任呼吁发展什么行业，地产吗？不，制造业！我告诉各位，项庄舞剑，意在沛公。如果我们不小心应对的话，将产生极其严重的后果。

三见客
——抛弃幻想，警惕美国发动贸易战背后的系统性行动

（本期嘉宾：

马光远：经济学博士，著名经济评论员；

张咏莲：国际贸易专家；

张志文：中山大学国际关系学系主任）

王牧笛：马老师，我要像特朗普一样简单粗暴地问您个问题，您觉得中美贸易战能不能开打，会不会开打？

马光远：中美贸易战已经箭在弦上，不得不发。我觉得因为是特朗普，他非常特殊，如果按照一个正常人的思维的话，当然大家觉得打不起来，这可能是一个噱头，可能后面有其他的筹码。但特朗普毕竟是特朗普，他有些情况，比如说制造一个话题，然后让自己爆红让大家关注，对他来讲就是一个很大的目的，他这一次采取的对钢铁和铝征关税这么一个举措，如果你从美国的产业结构来讲的话，其实这对美国能够带来的好处是微乎其微，如果说你真的要打贸易战的话，你可能会选别的地方，但是为什么他会拿钢铁和铝开刀，这也是我的问题。我觉得就是特朗普为什么能够当美国总统，是因为迎合了底层的老百姓，当年他在上台以前就告诉大家说现在我来替你们这些底下的劳动人民来说事，就是为什么我们看到了一个民粹主义的兴起呢？因为特朗普迎合了那些在金融危机中失去的包括“铁锈地带”底下这些人的利益，你可以代表我的利益，但是特朗普上台以后，我们如果真的梳理一下他的一切的政策的话，你发现跟这些投

他票的人没有关系。比如说他的减税，减税不是主要是给底下劳动人民减的，美国富人得到的收益更大；再比如说他的移民政策的改变，也跟底下劳动人民没关系。马上要中期选举了，他要让这些人继续支持他的话，那怎么办？他要给政策。

王牧笛：所以说他等于要兑现他当时许下的诺言和承诺：用美国人，用美国货，用美国钢，用美国铁，用美国铝。

马光远：他不见得是能够兑现，但他要有姿态。事实上从去年到现在为止，他在很多领域其实已经在酝酿这个事，包括针对中国做出的很多举措。比如说从 2017 年年底到 2018 年 1 月份，对中国的光伏产品还有洗衣机，他已经在做调查。包括对中国的知识产权领域，他也启动了“201”调查，所以我们觉得如果讲我们是一道大餐的话，钢铁跟铝可能就是前面的那几个小菜，仅仅是一个开始。如果说它真的要跟中国打贸易战的话，那应该是全方位的，是一个多维的战争。

郎咸平：我来回答一下为什么选钢铁，因为他这个团队非常聪明。钢铁占美国进口量只有 2% 而已，无足轻重。但钢铁资本非常集中，公司非常集中，非常具有新闻爆炸性的这么一个行业，但是对美国而言又无关痛痒，所以先走这一步。那么如果真要打贸易战的话，对付中国应该对纺织品电子产品，很多他可以打击的。对欧盟，汽车也可以，对不对？问题你都没有，为什么没有呢？不是他不干，而是我相信他在酝酿一个更深层次的贸易制裁，而且我相信更有针对性。他这个人疯狂归疯狂，但是一点都不笨。其实让我最担心的就是幕后的黑手——贸易代表莱特希泽。我相信只要美国和日本、欧盟达成一致协议，就可能针对中国。而且各位看出端倪没有，就是欧盟对中国已经开始加税了。一些产品加税幅度之大，让你感到震惊。那么从这个现象中，我感到的是一个危险的信号。

王牧笛：我们要特别关注，其实特朗普的团队也并非铁板一块，包括有 100 名以上的共和党议员是呈情要求他放弃计划，包括那个科恩。之前我们说特朗普的背后其实三个“G”，就是高盛、将军和亿万富翁。这次这个政策，科恩直接就离开了，所以说可能以后特朗普的政权是由军人和超级富豪亿万富翁来把控，代表高盛利益的科恩已经出局了。

郎咸平：高盛这些人他们比较理智，他们比较有世界观，所以用理性来看特朗普比较困难。

马光远：美国每一个参议员的背后，他都是一个利益代表，现在如果说特朗普真的跟中国打贸易战，钢铁、铝包括其他的比如说机械产品、装备制造等，这些大宗的东西都打贸易战的话，中国也会有办法。比如说我们现在讲贸易逆差，我们对美国的贸易逆差一个是服务贸易，一个是农产品。如果说美国要在钢铁、铝这个层面和中国干的话，那么中国可以对他的农产品实行反制措施，或者在其他领域采取反制措施。

郎咸平：不过这次刘鹤去美国协调，美国就直接向中国提出减少 1000 亿美元逆差的计划，这个就很棘手了。

马光远：我倒不担心美国提出某一项的举措，我担心的是特朗普的背后，有一步更大的棋。比如说他会全方位地来做这个事，当年那个“广场协议”现在再来看的话，对日本的影响是全方位的。它不是说某一个产品，而是一个策略。比如说我们以前老说中美两大国之间能不能避免陷入“修昔底德陷阱”，比如说一个大国在崛起的过程中另一个大国对它的看法的这种态度的改变。我觉得美国这些决策的出台是符合特朗普的性格的，他不仅要跟中国打一场贸易战，更要全方位地遏制中国。这样的话，我们的金融领域、贸易领域、其他领域，都可能会成为美国的目标。

郎咸平：对，金融、贸易、军事、政治，美国是要搞一个系统工程，绝对不是贸易战这么简单。

马光远：包括最近中国很多高科技企业在美国受到了一些阻击，这方面我们都要重视的。比如说如果他下一步针对中国的很多高新技术企业的话，包括华为、阿里、腾讯这些企业，那么这方面对中国的影响是更大的。所以我们现在看到的可能不是一个经典的那种贸易战，你可能没有看到硝烟。

王牧笛：小布什 2002 年的时候就曾经对钢铁产品征收过 8%~30% 的关税，但当时效果并不好，因为贸易战一般都是双输嘛，打起来大家都觉得挺痛苦，一年之后取消了。我们今天请来几位嘉宾，我们也跟他们做一个探讨。张咏莲教授是研究国际贸易规则的，有这个领域的研究，贸易逆差对美国就真的那么难受，那么重要吗？其实教授以前也讲过，逆差对美国其实有时候挺好的，拿到便宜的产品，他为什么一轮又一轮地掀起这种贸易摩擦和贸易战？这种东西符合您所研究的贸易规则吗？

张咏莲：刚才我听了郎教授之前的发言，觉得专门从贸易这个角度去平衡美国的这个策略太简单了一点，可能他背后确实有一套系统。但是我的感觉是因为这个贸易它是有规则的，就像这个 WTO，世界贸易组织的规则。它其实是各国各方谈判的一个结果，那么它就意味着所有的成员都应该遵守这个规则。但是你会发现美国它是屡屡挑战这个规则，那它为什么敢于挑战这个规则？从一个角度来说就是我感觉即便是败诉，它也会发出一种声音。美国它有这样的力量，牵制整个经济的力量。然后这一次呢，像特朗普提出这样的一个增加关税，他也知道这是不符合世界贸易组织规则的。因为世界贸易组织规则是，如果你要修改你的那个税收减量政策，是需要经过谈判和一些程序的。但它为什么还敢于这样做呢？除了郎教授说的那个背景之外，还有一点很重要的就是世界贸易组织里面有一个很重要的叫争议解决机制，这个解决机制的存在是我们解决这个贸易纠纷的一个保障。但是现在这个解决机制遇到了一个瓶颈，就是它的那个大法官缺位。按照正常的逻辑，它那个贸易争端解决机制里面要有七名专职的大法官，但是因为这个任期届满等各方面原因，现在只有四名。那么这个新法官的甄选工作就要马上开始，但美国却一直在阻挠这项工作。只有这四名法官的话，要解决很多的贸易纠纷几乎就是力不从心。因为每一个案件至少要有三名法官来主持，而且有一些还涉及特定国家的法律制度，还得有特定的法官来参与。

王牧笛：等于说特朗普钻了一个时间空子。

张咏莲：对，特朗普他们这个政府其实就是在拖延。一直迟迟不去促进这个新委员的甄选工作，他这个时间段推出这个政策，其实就是看到你就算申诉，基本上也是很难的。

王牧笛：其实我们担心的倒不是说拖延这个大法官的甄选工作，而是特朗普现在基本上就要抛弃掉世界贸易组织了，要另起炉灶，传统的贸易规则、贸易机制已经约束不了美国了。

张咏莲：特朗普曾经说过一句话，他说世界贸易组织是一个灾难，而且他说如果世界贸易组织要阻止美国去增加关税的这些政策的话，美国就会启动重新谈判或者会退出世界贸易组织。

郎咸平：我也在想一个问题，如果美国真的铆劲儿退出世界贸易组织，那是多么有趣的一个结果，它把自己建立的一个组织最后抛弃了。

王牧笛：张老师，在您看来到底这个贸易大战会不会一轮又一轮地炮响，就这么落地了？

张咏莲：我感觉如果是从美国的长远利益来看这个贸易战，可能只是一个噱头，它会以一个贸易战引起一轮争议，然后去推进它后面的那个系统工程。

王牧笛：依然是项庄舞剑意在沛公这个道理，真正的目的可能是推进它后面的那一套系统工程。作为一个重要的国际关系国际经贸的话题，我们今天也非常荣幸地请来了中山大学国际关系学系的主任张志文先生。我是国际关系学院毕业的，我一见到国关老师就觉得特别亲切。但是我本人就不务正业做了好多年财经，国关也忘得差不多了。回到这个话题，您觉得以特朗普的个性分析以及对美国政治文化经济的理解，这场贸易大战会不会一触即发或者说很快就要落地？

张志文：我发现他整个思维和别的总统是完全不一样的。他到现在为止仍然不是以政治家的形象在扮演着总统的角色，而仍然是一个商人的思维。他最近发起了这么一个很特别的两个在美国经济中的占比很小的行业作为打响贸易战的对象，我感觉他是有一定的试探性的，他的目的实际上是两个。一个是兑现他竞选的口号：America First，就是美国优先，他从上台以来若干次政策的出台都是围绕这个来的；第二个方面的话，我想一个很重要的目的就是他试探他盟友的忠诚程度。因为最近几年来他发现那些原来好像是铁杆哥们儿的国家突然会有一些其他的选择，所以他想敲打敲打。对他来说不知道哪一个是比较忠实的，哪个可能会有一些改变。他需要通过一系列的政策或者信号来试探他们，然后看到这些盟友有一系列的反应以后，他会做出一些松动。比如说像加拿大、墨西哥、欧盟等。

王牧笛：说到盟友，我们来问问美国的盟友欧洲的罗密欧，你们欧洲人最近在琢磨着反制呢？

罗密欧：这是一个很严重的问题，真的是一个很严重的问题。有两个原因：第一个是美国本身一直以来想做第一，一直以来不管哪个方面它一直认为它是最好的国家，最美的国家，最完善的国家。美国不能接受中国这个经济体很快就会超过自己这个事实，所以它用各种各样的手段来搞事情。从欧盟国家的角度来讲是很难判断的。以意大利为例，意大利有两个身份：一个是欧盟国家的一员，但是也是独立的一个国家。欧盟最大的经济贸易合作伙伴是中国而不是美国，但是每一个国家的贸易情况不一样。从 2009 年到 2017 年，意大利这么小的一个国家往美国的出口量增加了 137%，同样的时间，从美国往意大利的出口量就增加了 58%。这证明什么？说白了美国没有什么产品，而且美国人喜欢意大利的产品。不管是汽车也好，手表也好，服装也好，红酒也好，食品也好，什么样的，他们都喜欢。他们想要这个东西，所以意大利的出口量越来越大。这个是它的一个独立国家的身份。但是从欧盟的角度来讲，最大的贸易合作伙伴是中国。虽然你人在中间，但你是继续跟欧盟国家一起玩，跟中国一起玩，还是因为美国是一个很老的合作伙伴，而选择保持跟它的关系？这就很难判断了。

王牧笛：你也不用纠结了，我一句话总结：中欧人民友谊万岁。有人说这次贸易战的端倪也部分地跟美国中期选举相关，因为美国一旦到中期选举的时候，执政党往往业绩都不是很好，会惨败甚至会输掉国会。尤其特朗普选择拿钢铁开刀，也是考虑到，美国东部的四个州是钢铁的大州，而这其中的俄亥俄、密歇根和宾夕法尼亚三个州是大选中的摇摆州。很多都是支持特朗普的，也是他的票仓。其实他也是要争这个地方的，所以说也部分兑现承诺，在这个时间节点上也是有一定的原因的。

马光远：我觉得大家分析得非常对，特朗普的身份是多维的：第一，他是一个网红，总会爆料一些非常爆款的决策，而且成本非常低。传播力又非常好。第二呢，他又是一个商人。他知道怎么样去做事，成本最小，收益最大。

王牧笛：所以我觉得特朗普的这个理想非常远大，他是要连任的。

马光远：他已经为他下一届总统连任做准备，所以他要算这个账，就是这个账本身对美国经济造成多小的损害才是最重要的。如果他真的选择如汽车或者这个产业链比较高端的一些中国产品的话，对它的伤害也是很大的。比如有一个故事：一个人有一个女儿非常漂亮，有三个追求者都来讲他们各自的条件：第一个追求者讲他有多少多少房子，第二个追求者讲他有多少多少股票，第三个追求者说我什么都没有，但你女儿肚子里边有我的孩子。再来说特朗普，他不敢以大的一些产品来惩罚中国，因为这些产品产业链的高端其实都是美国。你比如说我们有很多产品名义上是中国制造，但事实上赚钱最多的是美国的企业。美国很多企业在中国设厂，然后又出口到美国，但算账是算在中国头上。所以特朗普还要算这个账。那么这个账算清楚以后，他选了钢铁这个产品。所以我觉得下一步可能会有加码的东西。美国人特别喜欢能够取得明显效果的一些领域。比如说你中国人投我的技术，在这些领域玩一些，那么大家会支持他。所以我感觉到特朗普后面的棋还很多，他的针对性也是很强的，他可能不想打一个全球的贸易大战，但是他主要针对中国那就可以了。

王牧笛：所以 2018 年我们还得经常聊特朗普。

郎咸平：对，而且现在更让人担心的是什么，就是你刚才讲了一笔账，比如说你惩罚一个产品，整个产业链说不定最高端的是美国的对不对，可是你要想，如果他成功地联合了这些国家共同制裁中国的话，这个对它的伤害是最小的，能不能成功是另外一回事，联合全世界制裁中国对它的伤害是最小的，所以我很担忧它会朝这个方向走。至于说你刚刚讲的几个产品的问题，任何产品都跟它息息相关，通过这个制裁完成他一个大的行动，一个系统性的行动，包括军事，包括政治，包括外交，包括制造。

马光远：他在挑朋友，其实我们也可以挑朋友，比如说我们也可以联合欧盟。

郎咸平：我担心这个事，德国已经给了它投名状，就是说美国不能制裁德国。为什么呢？因为现在钢铁行业严重产能过剩，价格很低，言下之意是谁造成产能过剩？就是中国嘛。中国占了全世界 50% 的钢铁产量。

王牧笛：所以在特朗普看来他的自信满满就体现在他那句话：好打，容易赢。他用一个网红式的语言来论证，或者是说明他自己这个角色。特朗普有多重面孔，其实美国也有多重面孔。美国也不是唯一的一个美利坚，特朗普只是美国面孔中的一个。美国还有美国民众，还有美国的商界、企业界很多种面孔。

马晓野：前段时间全球知名的美国盖洛普咨询公司发布了一个数据：

美国民众对中国的好感度达到了 53%，是近 30 年来首次超过了 50%。另外早前特朗普政府发布的国防战略报告中也公开表示，美国最主要的竞争对手是俄罗斯和中国。这两个数据摆在一起就很有意思了。当美国的某一些执政者对待中国发展是这样的一个态度的时候，其实美国民众好像不是这样的。哪个更能决定美国的走向呢？

郎咸平：美国是个精英政府，我讲句笑话，美国，就是一群绝顶聪明的精英统治着一群傻瓜。这些绝顶聪明的精英决定了美国的走向。我认为美国政府在这方面，我不讲它一意孤行，但是我觉得它的战略眼光跟战略纵深是超过美国民众的。因为从 20 世纪 70 年代开始，美元的每一次贬值跟升值都是具有针对性的。所以我们要特别注意美国政策是有一贯性和连续性的，不可能受美国民众的影响。

马光远：我就想我们中国人有的时候真的想当然，我们一定要认识到我们在整个崛起的过程中，有人会很不高兴，有人会遏制你，有人会想方设法让你掉进这个坑里边。比如说，一个班里边其实关系最不好的是两个人：第一名跟第二名。关系最好的是两个人，倒数第一跟倒数第二，对吧。什么意思？就是中国要做好，在强起来的过程中我们要做好应对。不要认为大家都会鲜花、掌声来欢迎你，也有石头，有人拍你的砖，有人挖你的坑。而且我再补充一下，国际贸易是互惠互利的，我们在得到好处的同时，不能让别人一点好处也没有。所以我觉得中国的崛起之路不会那么平坦。我们要有一个好的心态，这个最好的心态就是这儿有朋友，那儿有敌人，这都是非常正常的。

王牧笛：我最后问一个问题，一旦以钢铁和铝进行惩罚性关税征收为导火索的这样一个贸易战开打，中国有没有反制措施？如果有，是什么？就像欧盟反制的这个清单一样，中国如果反制，怎么反制？

郎咸平：中国可以采取下面几个措施：传统手段，比如向世界贸易组织申诉，这是第一个；第二个就是报复，报复起来的话这个后果就很严重了，双方都有损失，两败俱伤；第三个很多时候还要私下协商，美国每一个州都有两名参议员，不管大、不管小。我们是不是可以跟农业州的参议员商量，叫这些农民打电话给参议员，说是我不买你们的农产品了，如果你支持我们的话，我们就买你的农产品。因此，在现今的环境下，协商是非常重要的，而且只有我们有这个能力去做，我们也去游说，也去协商。

马光远：对，游说跟协商非常非常重要，我觉得中国还是有牌的。第一是相对应的，美国出口到中国最多的产品我们可以跟它对着干。第二，我们仍然还是持有巨额的美国国债，这对美国来讲，我觉得如果说特朗普在金融领域要打击中国的话，对他来讲压力是比较大的。第三，我觉得现有的整个国际贸易体系对中国来讲还是有利的，美国既然要抛弃它，我觉得我们可以把它接过来。我们可以团结一些朋友，所以我觉得不要紧张，也不要幻想。我最担心的是我们还存有幻想，认为特朗普他根本不想打贸易战。

郎咸平：对，这个幻想是最要不得的，我觉得有这个幻想就太危险了，而且我们情愿把问题想得更严重一点，他必定会通过贸易战来打击我们。你想得越复杂越好。

王牧笛：我们不主动掀起贸易战，但是我们要对这个贸易战做好充分的准备和反制的措施。最近有首诗很火，是纽约州立大学水牛城分校的退休物理学荣誉教授写的，现在在美国的华人圈流传甚广，在中国的各个社区也流传甚广。是写给西方的诗——《你究竟让我们怎么生存》，我摘取一段跟我们今天这个话题有关的，觉得写得特别好。这位退休的教授是这样写的，他说：

我们是东亚病夫时，我们被说成黄祸。

我们被预言是下一个超级大国了，我们又被指是主要威胁。

那时我们闭关自守，你走私鸦片来强开门户。

等我们拥抱自由贸易了，你又责骂我们抢走你的饭碗。

我们一贫如洗的时候，你视我们贱如狗。

我们有钞票借给你了，你怨我们令你国债累累。

已经够多了，这个世界容不下更多的伪善！

最后的结语是：

我们要的是同一个世界，同一个梦，靖世太平，这个宽广辽阔的蓝色星球容得下你们，也容得下我们。

第二章

中国外贸企业的危机已在全线爆发的边缘

制造业是中国的灵魂，你知道为什么吗？只有制造业才能够真正创造财富，其他行业，什么地产、什么银行、股市，都是财富的再分配，它们是不创造财富的。

迪一声

我们知道，每个行业都有自己的祖师爷，比如说木匠的祖师爷是鲁班，关羽是最忙的祖师爷，他横跨了剃头业、豆腐业、黑社会等十几种行业。夏朝的王亥是外贸的祖师爷，他生活在公元前 1800 年，距今 3800 多年的历史，也就是说我们外贸的这个行业已经有 3800 多年的历史了。3800 多年前王亥做外贸的交通工具是牛车，所以王亥特别牛，因为他是第一个驯服了牛的人。有一个故事叫王亥服牛，当时其他的部落看到王亥远远地赶着牛车过来，就会说“哎，那个做外贸的来了”。王亥做得特别的出色，所以我们把他叫作华商始祖。那在接下来的历史长河当中，我们来盘点一下有哪些对外贸这个行业做出突出贡献的人。王亥之后我们要说到的是西汉的张骞。张骞非常伟大，因为他是中国历史上第一个出差出门那么久老婆还不抱怨的爷们儿。他跟他的小伙伴们从长安出发一直走到了地中海的罗马帝国。当然张骞所开辟的商路大家都很清楚叫“丝绸之路”，很好地帮助汉朝进行了当时的供给侧改革，去了库存。比如说他把汉朝当时的丝绸、茶叶、瓷器运了出去，把西方的这些奇珍异宝运了进来。所以说张骞的突出的贡献不在于他做外贸，而在于他为这些做外贸的人开辟了一条外贸的通道。就相当于今天的阿里巴巴一样，有了外贸通道之后自然就有很多卓越的企业家。这其中有一个非常成功的外贸的典范就是元末明初的苏州商人沈万三。你听这名字挺奇怪是吧，他哥叫沈万二，他弟弟叫沈万四,一听就是个麻将世家。他赚了多少钱呢，累计赚了 30 亿贯古代的钱，我们知道腰缠万贯就已经可以富甲一方了，沈万三 30 亿贯，他不是富甲一方了，而是让皇帝很不开心，所以当时朱元璋随便找了个理由把沈万三发配到了云南丽江，最后客死他乡，老死在了丽江。后来沈万三的很多做生意的伙伴从江浙一带不远万里跑到云南跑到丽江去祭拜他，这一走一过发现这条路不错，可以做生意，于是茶马古道再次兴起。那接下来我们要盘点到的是对外贸做出极大贡献的明朝的郑和。郑和开辟的是海上丝绸之路，他非常厉害，每次下西洋都带着两万人的船队出海，沿途跟各个所经的国家进行对外贸易。你们可以想象一下这样一个奇景，这样一个盛况：每次对外贸易有两万人围观，这就意味着绝对不会有客户拖欠尾款，谁要敢拖欠尾款，保准他没有明天。开个玩笑啊。当然我们知道郑和还是很有节制的，幸亏郑和有节制，他没有随便乱走，比如说他没有去到美洲。

真正将陆上的贸易和海上的贸易推到极致的是清朝的大商人伍秉鉴。这个人非常厉害，当年的世界首富。我们都知道清朝有三个商业群体非常的厉害，一个是两淮的盐商，一个是山西的晋商，还有一个就是我们广东的行商。盐商就是做盐业贸易的；晋商票号，大家都非常熟悉；行商就是做外贸的，比如著名的十三行。伍秉鉴就是十三行中的代表人物，那他主要做什么贸易呢？非常简单，茶叶、丝绸、瓷器。你发现没有，咱们中国古代做外贸的人特别的幸福。因为产品目录上就这三样东西：茶叶、丝绸、瓷器。这是真正的产品自信，这哥们儿有多少钱呢？伍秉鉴在1834年的时候个人资产达到了2600万银圆，当时真正的世界首富，而且是大家所熟悉的东印度公司的最大债权人。所以说做外贸的企业家，做外贸是可以做成世界首富的。当然我刚才跟各位分享的都是旧外贸。那今天，是新外贸，新的梦想。旧外贸的时代，我们做物流的工具是什么呀？是牛车、马车。而今天我们有了快捷的、快速的第三方的物流通道。过去我们是靠个体，单打独斗，开疆拓土。今天不一样了，“互联网+”的时代，大数据驱动，过去我们互信程度比较低，今天有大平台，在中间进行信用背书。过去我们需要学习捕获整个产业链的各种知识和资源，今天不用，打开手机，打开电脑，全世界的虚拟空间、实体空间的这些资源知识都可以为我所用。这样的一个“新外贸，中国造”该做何解读，有请我的搭档，著名经济学家“郎旋风”郎咸平教授。

郎来了

一、“6+1”的产业链的日子为何如此难过

制造业是中国的灵魂，知道为什么吗？因为只有制造业才能够真正创造财富，其他行业什么地产、什么银行、股市都是财富的再分配，它们是不创造财富的。以“欧猪五国”为例，为什么它们这么烂，因为没有一个国家有像样的制造业。特朗普当选之后呼吁什么，呼吁重建美国什么行业？制造业！不是搞地产，理解吧，这才是一个真正明白事理的人。而中国的制造业危机，已经全线爆发。那么我们怎么办？每一个行业都是“6+1”产业链。比如说产品设计、原料采购、仓储运输、订单处理、批发、零售、加上制造。都是“6+1”的产业链，那为什么做制造业的日子这么难过呢？原因很简单，中国只控制“2+1”，包括原料采购，仓储运输，加上制造。而美国呢，控制这 4 个，叫作产品设计、订单处理、批发加零售。这有什么差别？我给你做个变形，我们来按照这个价值大小重新做一次，我们制造业是价值最低的，美国垄断产业链的上游，利润至少在 20% 到 50% 以上。我们呢，利润最多 5%。比如说富士康利润只有 4%，像我们大部分企业利润有 2% 就不错了，那怎么办呢？唯一的机会就是从产品设计、订单处理、批发加零售里面抢一块过来。

二、中国外贸企业目前的四大困境

第一，订单难。我们的外贸负增长是订单难的真正原因。根据德国莱茵集团发布的《2016 年外贸企业生存调查报告》，影响出口什么原因最大？就是订单减少。另外呢，2017 年我们出口规模和利润情况是：利润下滑 52.5%。

第二，商品流通难，为什么呢？请各位注意，做过出口的都知道，整

个出口流程得涉及 17 个步骤，你要准备 40 份以上单据，而且外汇汇率波动。前一阵子升值，现在又贬值，都会受到损失。此外，退税速度极慢，报关资料至少 6 项，操作流程 11 项，出口退税至少 3 个月。这一切加在一起导致商品流通极其困难。

第三，成本优势不再。过去我们还有人工优势。我们的人工成本是美国的 39%，此外还有一个厂房建设，我们是美国的 25%，其他统统没有优势。那么现在我们还有人工优势吗？好，我们再做一个对比。每投入 1 块钱工资能够创造多少倍的产值：中国 2.86 倍，东南亚国家 5.81 倍，约是中国的 2 倍，而这就解释了为什么大量的低端制造业，迁去东南亚。因为每投入 1 块钱工资你能够创造 2 倍的产值，美国、日本分别是 3.1 倍和 3.3 倍，也超过中国。而这也解释了为什么大量的中高端制造业回流欧美、日本。请你想一想如果低端制造业要迁去东南亚，中高端制造业要回流欧美、日本，我们还剩下什么？

最后一个困难大家都清楚的，融资难。用数据说话，90% 的中小企业无法获得贷款，融资成本高。有多高呢？我们国家的融资成本是世界平均的 5 倍之多。

三、中国外贸企业的出路在哪里

面对这么多困难怎么办？只有靠平台，这么做是唯一的希望。第一步，订单处理。过去你们单打独斗，现在通过订单处理，这个就是新外贸的交易闭环。针对第一个困境订单难，我们怎么通过新外贸来处理？针对卖家推出外贸直通车服务精准推广，比如说买帽子，圣诞帽你们可以自由竞价，比如 2000 块一个池，点击的一个人一次一块钱精准推广，这就是你们所看见的平面，这个没问题。买家呢？尽量让他没有售后风险，所以比如说企业付款了怎么办呢？阿里巴巴代你们先付赔偿，赔偿最高 100 万美元，把风险降到最低。让他们敢于下单，没有风险。

我再给各位说一个数据，全世界外贸用信用付款的比例高达 45%，而中国只有10%。为什么？你们不信任买家，只有10%那怎么办呢？要提高赊销比例只有让买家赊欠，否则你很难卖得出去。比如说20元就购买100元的产品，一达通借你剩下的80元。

那么第二步，针对商品流通难怎么办呢？我说过了你有17个步骤，四十几个单据，一达通免费帮你通关外汇退税。如果汇率波动怎么办？这是服务跟物流，叫作锁汇保。帮你购买远期外汇合约，锁定风险。接着退税速度慢怎么办呢？一达通先垫付出口退税，3天可以拿到款，解决了资金周转的问题。通过这些问题，这些贸易闭环解决你们的第二个困难——商品流通性。

那么第三个困难成本高呢？这么多成本目前唯一解决的只有一个物流成本，可以降低30%。

最后一点融资难，是交易闭环的最后一环，也给大家一个解答。比如说保单贷，只要有出口信用保险单就可以为客户提供一系列的贷款服务。流水贷，中国企业出口一美元，一达通可以给你一元人民币的贷款额度。接着通过银行融资，因为你有所有的记录，包括海关、商检、物流等环节，这是真实的交易记录。2014年阿里巴巴曾与这7家银行合作，授信额度最高可达1000万元。那么我刚刚说过了，我们拿回一个订单处理，可是还有好几个在他们手中，怎么办呢？我建议我们的产业链从过去的“6+1”升级成“4+0”的闭环。这个话什么意思？产品设计拿回来，批发跟仓储不要。

就剩下这4个，产品设计加制造、零售、原料采购这叫“4+0”的闭环，“6+1”不是闭环，“4+0”是闭环。订单处理最重要，产品设计与制造、原料采购、终端零售走到这一步你将取得“6+1”的6项，美国只剩下一个终端零售，这个时候成本大幅降低。阿里巴巴它有什么优势？掌控了生产数据、运输数据、批发数据、销售数据以及购买反馈数据，大数据时代终于来临。再看一下你真正掌控什么，掌控用户的数据，这是非常重要的。所有数据加在一起叫作整体大数据，这是未来的希望。“4+0”必须有大数据，否则你做不成。

大数据时代必须配合平台，下面怎么做呢？只有配合大数据才可能进行“4+0”的闭环。你可以做服装、家居、日用品、汽车，都可以。那怎么做？

这是第一个实际案例，这是真实的案例。我先做个假设：如何做订单处理。通过掌握大数据我们发现，纽约有一家企业，30 天内需要 100 套定制化的西服，而他们正在联系纽约当地的西服厂。那么我们怎么做呢？我们通过大数据的分析发现国内只有这一家企业。我讲的这个案例它能够满足需求，我们可以给出它的报价，报价是美国的 50%，时间 10 天，比美国快一倍，外贸 10 天就可以到达手上，快一倍，因此你会下单吗？通过担保如果西服做得不好没有按时发货就给 100 万美元的赔偿，这是假设的数据。那么下单之后我们该做什么呢？一个大巴士开过来采集人体 19 个部位的 22 个尺寸，这是真实的数据。采用 3D 激光量体仪人体数据，在 7 秒之内自动采集完成。根据测量的身体数据确定样式，然后自动分配给每一套服装一个电子芯片 RFID。国内厂商要这个电子芯片 RFID 干什么呢？干这个事：收到预付款之后开始生产。电子芯片会把衣服的信息传送到云端再分配给厂商。比如说 A 工厂生产袖子，B 工厂准备大身，C 工厂准备领子扣子。第三环节原料采购，面料、辅料集中采购，根据第二个环节自动采购你所需要的原材料，最后终端零售定制好的服装送到纽约客户手中。你会发现，整个过程没有资金跟货品的积压。实现了什么？柔性生产，私人定制。最后什么结果？成本高了 10%，零售价高，收益比原来高 200% 以上。200% 这就是你的未来，你说难吗？一点都不难，这就是你的机会。走到这一步，你发现今天我讲的这一切“6+1”产业链到“4+0”的闭环就提供给大家一个讯息的差异化，而这一切是立刻可以做成。通过一个好的平台，你们得到讯息差异化之后，就能在半年之内成功。

所以千万不要畏惧大萧条，因为大萧条正在全国呼唤下一代具有讯息差异化的卓绝睿智的企业家，他们将带领中国的制造业走向一个新的层面。

三见客
——大数据时代，新外贸如何预见未来？

（本期嘉宾：

马光远：经济学博士，著名经济评论员；

余　涌：阿里巴巴集团副总裁；

胡新振：企业家，活动家，跨境电商行业的佼佼者）

王牧笛：我们“三见客”的环节正式开始。注意是看见的“见”，这个“见”很有意思。可以做一个拆解。它既是看见，又是洞见，又是预见。所以说希望在接下来的对话当中我们至少要完成三个层面的意思，就是第一我们要看见旧外贸时代的我们的一些痛点或者焦虑，同时要给出我们的洞见，如何消解掉、化解掉这些麻烦和焦虑，做了一个升维的思考。所谓新外贸，还有就是预见，能够共同地为我们预见一个新外贸的未来。刚才郎教授给我们解读了一个“4+0”的闭环，解读了一个新外贸的经济学的观照。2016 年以来，全球范围内贸易很糟糕，因为贸易保护主义盛行“反全球化”，全球化包括欧洲、美国都不断地出现麻烦，那我们也面对着整个中国制造成本优势不再的一个窘境，我们之所以说新外贸是因为有旧外贸。旧外贸的时代企业家们有哪些痛点？首先的话题我想先抛给马光远老师。

马光远：新旧痛点在哪里，我想讲两个人的观点：

第一个就是我们现在老讲供给侧，其实讲到新旧外贸我们最大的突破可能仍然在供给侧。吉尔德曾经讲过一句话：财富是什么？财富不是物质，而是一种观念流。我想这个非常重要，也就是现在我们面临的很多的外贸，经济发展各种各样困局的突破，关键在于我们观念层面作茧自缚，所以观念流是非常重要的，供给学派留给大家最大的财富我认为就是观念流。

然后第二点，美国还有一个经济学家叫保罗·莫罗。他说我们研究一个国家与国家之间的经济差距，我们要研究它的工厂，它的基础设施，但最重要的还要研究思想差距。这两个人都谈到思想问题，观念的问题。所以新旧外贸大家可能会分析各种各样的不同，线上、线下、信息成本，各种各样的成本，包括对大数据的应用。但是我觉得最重要的仍然是观念和思想如何突破。我们对过去的旧外贸最大的问题是什么？在不断做大的同时我们给它自己织了一张网，这张网把我们自己锁死了。所以阿里巴巴现在做的这些事，对新旧外贸本身能够跨上一个台阶，一个飞跃来讲，更重要的是，它给大家带来观念的改变。所以现在我每一次去机场以后，我再也看不到马云的演讲了，我感觉还是很遗憾的，思想的启迪仍然是非常重要的。所以你要让我讲痛点的话，我认为最重要的痛点还是给大家观念的改变思想的启迪。所以马云的一些话在网上流传很广，我认为有他的道理。因为他带给大家的就是一场头脑风暴，一场真正给大家带来这个东西原来可以这么做，这个事原来可以这么想，我觉得我们所谓的新贸易需要的就是观念流，新的思想层面的突破。

王牧笛：其实新旧外贸的区别，当然有很多技术和细节的考量，但主要是观念的迭代。甚至都不叫迭代，而是一种颠覆，或者是维度已经不同了。刚才郎教授其实也在讲这种观念之变，其实您也认可，新外贸是一种思想的格局或者是思想的全新开放。

郎咸平：当然，我举个例子。我们有个皮鞋厂商，目前大概是排第一的，他们也做什么？“6+1”产业链的优化，每一个环节都做到全世界最好。什么结果？各位猜一下，业绩照样大幅下滑。为什么？“6+1”的时代已经过时了，未来怎么能够成功呢？在经济越萧条的时候，“4+0”的闭环就越重要。因此像我刚刚讲的皮鞋的故事，如果能够走到“4+0”，坦白讲这个过程并不难，思想一旦升华了之后你就能够成功。所以马老师讲得很好，观念的提升我觉得是重中之重。

王牧笛：既然说到观念的提升，这个话题就一定要请教余总。我们知道互联网时代，一般对于新旧外贸这样的一种代际的划分会用1.0时代、2.0时代、3.0时代。1.0时代可能就是我们很熟悉的义乌模式，或者广交会的时代；2.0时代就是大家所熟知的阿里巴巴的平台的这样一个时代；3.0时代，不管是大数据驱动，移动互联网还是您所倡导的这些一环、一圈。首先从思想高位上给我们做一个解读、您是怎样介入到这个新外贸的？然后再给我们谈一些具体的战术和战略。

余　涌：我想今天的新外贸如果学术一点说，就是用大数据重构外贸供应链。阿里巴巴说的改造外贸的闭环跟郎教授说的这个“4+0”的时代，其实是不谋而合的。所有的企业家必须重视自己对客户的价值是什么，你对定位的价值是什么以及你的供应链内部的这个重塑，这是非常关键的点。原来的核心竞争力说白了就是质优价廉，那么今天中国参与整个全球供应链里面，我们有了更大的话语权。第一个就是我们产业抱团，中小企业抱团。第二个依靠平台，而平台的本质，今天我们不是一个聚合效应，而是大数据重构，这就是我们今天说的大数据重构将改变外贸的供应链。而这个改变，我们将会细化到每个中小企业自身供应链的改变。

王牧笛：这也是余总以及阿里巴巴对于这个新外贸的一个洞见。这个洞见很有力量，我们在未来的若干年时间会看到这种力量，这种观念的力量投射到现实。当然我们说外贸，我们都知道中国经济有三驾马车。这些年中国经济下行压力很大，我们叫新常态，经济从高速增长进入了中高速增长。首先我想谋求一个背景意义的讨论，就是现在中国GDP增速为

6.7%，这样的一个位置如果说长期处于一个L形，那消费、投资、出口、外贸到底在未来如何跟中国经济发生密切的关联，我想先寻求一个背景性的解释。

马光远：我觉得我们对中国经济增速的认识首先也应该改变观念，去年GDP增速为6.7%我认为是非常高的，千万不要以为这是底部。因为去年印度把它的大额货币给废了，废币以后，对印度整个第四季度的经济增长造成非常大的影响。所以印度现在如果出来以后它很有可能比咱们低。如果比咱们低的话，大国经济里边，我们仍然是第一。第一个从速度来讲，我一直强调6.7%很高很高，以后还会往下走，但是往下走是不是意味着我们很差，一点都不差。我们需要看到的是我们内涵的改变，我们这么多年对数字本身的误读、对数字本身的期待，都已经让中国经济丧失了很多的机遇。就是内涵层面的改变，中国现在作为全球第一贸易大国，当然据说2016年因为我们的人民币兑美元贬值我们又掉到第二了。不重要，仍然会回去，我们必须对我们出口的产品、出口的主体、出口的竞争力等等进行重新的塑造。所以我想我们今天讲新的贸易包含着我们对中国贸易自身未来发展内涵的改变。这个改变是更加重要的，中国外贸的空间非常非常大，我们刚刚达到这么一个高度以后，以后的好日子还非常长。但是不要以速度来论英雄，我更希望我们有引领全球贸易潮流的一些新的观念层面的东西，一些好的做法的东西、打破贸易保护主义的东西出现，我觉得这才是最重要的。

郎咸平：两位讲得都非常对，观念如何做突破？请大家注意，只有大数据才能让你成功。只有用大数据才能够准确地知道你的用户需要什么，才能准确地知道你能生产什么，两者结合在一起才能进入“4+0”。我看到了非常多的企业在这个逆境的时候，由于观念的转变，利用大数据进入“4+0”，它都能够成功。而现在怎么样，这是块从未开发的乐土，谁能够第一个透过平台，比如说你们这里的平台，阿里巴巴平台，能够踏上平台，观念转变进入“4+0”，你就能够掌握200%的增长率。

王牧笛：结合余总、马老师和郎教授三人的发言，其实我们勾勒了一幅令人激动的图景。就是在经济下行压力巨大的这个时候，我们看淡一些经济数据，但是阿里巴巴的新外贸其实是在运用大数据，重构供应链产业链同时，完成的是话语权的回归。这个话语权的回归，可以理解为教授说的那个圈圈的回归。完成这样一个史诗般的进程需要我们企业家的一个诉说，因为春江水暖他们先知。

我们最终都是这个看闲话的，作壁上观。所以这个话题需要请教两位企业家，我们先请教胡总，方便介绍一下您的企业外贸是做哪一块的？

胡新振：我的企业是做专业运动服装的，市场100%的是西方发达国家市场。我当时创业的时候，可能是被动地选择了通过互联网创业，后来在2008年金融危机的时候，我那个时候的生意已经很好了，可是我怕金融危机对我有影响，我说那个时候阿里巴巴影响很大了，我们就跟阿里巴巴又牵手走到一块儿，这样走上来以后，我的贸易之路就更加地稳定。我们实际上是在中国的千万家的中小企业里面，我们这个群体还算比较好的，因为我们已经处于2.0的时代，已经拥抱了互联网。而那些没有拥抱互联网传统的企业的处境比我们惨多了。

王牧笛：就是不是外贸不行，而是有些人的外贸不行。那怎么样让有些人的外贸变得行，就是大数据背上的一个重度垂直细分行业小而美的商业模式的一次绽放。这个就是慢慢走入4.0时代了。这个话题我们要追问我们的“85后”，叶总是做外贸的哪个领域？

叶熠铠：比较传统，是一个建筑建材的行业。我们除了做线下，在线上，我们首先有一股信赖的力量，上阿里巴巴第8天，我就接到订单。我在从业的第二年就开始了我自己叫全球跑业务的模式。当你需要，我最好的方式就是出现在你面前，其实现在也有很多人在推这个叫缝隙性的营销。也就是说，你并不知道你的产品在全球的市场定位，包括潜在客户在哪里，这个很多人是很盲目的。然后你怎么做呢？从几点，我们是线上线下相结合，例如我们也大量地去参加广交会及海外的展会，那么在阿里巴巴这个平台上，这个数据上其实我们有一个平台运营部。我们每天都分析我们的数据，从我们产品的曝光量、询盘量还有不同地区客户的这种交谈习惯，我们去了解。

王牧笛：那3.0时代或者叫新外贸的时代，阿里巴巴从哪些方面可以根本地帮助他们，刚才余总用一个词叫“转型”。他们日子过得不错，我现在想看到的是他们日子过得更好。这也是阿里巴巴的“让天下没有难做的生意”，让天下的生意变得越做越好，从您的角度讲如何重构他们？

余　涌：其实未来并不是阿里巴巴做什么，关键是阿里巴巴能帮企业家做什么，这个才是个关键的点。所以今天让贸易回归贸易，让企业制造回归制造，基于现在这个大势，基于我们现在这个新技术，中小企业能做什么。所以我们今天看到的所有成功的企业，它首先是做小了，做细了。如果我做了这样的定位，细分了以后，通过阿里巴巴的平台，通过互联网有个什么好处？就是说他能够接触到终端客户，他有用户数据，以前整个中国制造几万亿，我们都没有用户数据，有了用户数据以后能够改变的东西太多了。设计、制造、品牌、渠道、定位以及春秋季的换季，整个生产流程的设计，所有柔性化的生产，所有的东西都将变成重构。小企业的特点是什么？企业家是整个企业的核心，也是整个企业的瓶颈。一个企业就像一个花盆一样，企业家核心就是这个花盆里面的根，整个一棵树能够长多高，基本上都来自于这个企业家你能够抓住多少资源，抓住多少土壤，吸收水分。但是精力有多少？精力就是一个企业家的核心。所以我们今天要说的是什么，我们要释放你，物流，我帮你来；关检汇税，我帮你来；人才，我帮你来；借了货款，我提前贴给你；所有的生意回到生意的本质上面去。这其实就是我们今天在想的，就是我们能够为中小企业做什么。

王牧笛：我们刚才是看见了什么，也洞见了什么。那接下来我们要预见什么。既然是预见，我们还是先请两位预见一个新外贸或者说新经济的未来、给大家一些正能量，给大家一些信心。

马光远：正如马云老师讲的不是不行，是你不行。我觉得这个话可以应用到所有的领域。其实现在我们讲全球经济也好，中国经济也好，我个人对中国经济从来都很乐观。我认为目前的时代，人类历史上最伟大的时代就是现在。各种各样的玩法，各种各样的思维，各种各样的观念每天都会出现。第一，中国人爱钱，中国人目前我们全球去看，最辛苦、最勤劳，对钱最热爱的人就是中国人，没有之一。对钱到如此热爱的程度经济不可能差。

第二，科技革命。目前的整个科技革命我认为是有史以来最令人期待的一次科技革命。当然也有人说中国很有可能错失这次科技革命。我坚决反对，我认为如果我们从历史的角度去看，就是全球中我认为两个民族是最“可怕”的。一个是犹太人，我们现在去看全球几乎所有的新的东西，好的东西几乎都是他们创造的。第二个最“可怕”的是中华民族，别人搞出什么好东西我们都能把它搞过来。阿里巴巴是学别人的，但是阿里巴巴完全超越了它以前的师父。师父命运岌岌可危，阿里巴巴不断创新。所以不要讲中国人模仿，没有创新，模仿是创新的前提。所以只要我们保留两点：其一，对金钱的热爱不减少；其二，对别人的学习不止步。中国经济差不了，所以新贸易的前景在哪里？就是按照我们过去成功的道路，不断学习，不断突破，不断超越，创造更多的财富。

王牧笛：这是马老师的预见，接下来是郎教授的预见。

郎咸平：中国外贸企业的前途就非常简单，大数据的积累，平台是非常重要的。你们千万不要认为创新是产品的创新。错的，经营模式的创新，它的影响力是产品创新的十倍、百倍、千倍。比如我们刚刚讲的，透过大数据精准地定位客户，精准地生产本身创造的财富，远远大于产品的创新，因此这个是机会，是一个观念的提升。

王牧笛：好，谢谢郎教授的预见。两位学者预见之后，我们还是要听听两位企业家的预见。其实这既是预见行业的未来，也是预见自己的未来。“新外贸梦想节”，新的梦想。两位的预见对于新外贸有什么样的寄语或者展望？毕竟跟 2.0 两位所熟知的模式不大一样了，有了进化。

胡新振：我相信在外贸 3.0 时代，我们真的是能够借助于阿里巴巴的底层的这个基础工程——大数据平台来逐步地沉淀我们的数据。最后当这个平台的数据越来越多、越来越丰富的时候，那么数据的应用就出现人工智能化。这个时候我们能从中享受到的红利是不可想象的，相信新外贸，相信大数据的力量。

王牧笛：谢谢胡总的相信和乐见。

叶熠铠：在享受着这个科技给我们带来的便利的同时，我们也在想着从业务数据化到数据业务化。数据其实现在每天给我们都带来便利，产生巨大的价值，未来你只要重视数据，去研发它，去利用它，我觉得所有的企业就不再是关注着这个下行的问题，而是关注着你第一名和第二名之间的影子有多长的问题。我觉得从我自己本身来说确实是有很大的受益。

王牧笛：我们也谢谢“85 后”的叶总的预见，我们感到了一种蓬勃的朝气，这是新外贸的新生代的企业家。最后是余总的预见，在您预见之前我提醒您要慎重地说出每一个字，因为您和阿里巴巴预见的每一个字都会与未来的时光发生深远的关联。

余　涌：我也想说今天我们其实重要的不是讨论阿里巴巴的平台，也不是讨论阿里巴巴的梦想，是跟大家共同讨论你的梦想。

中国的中小企业家，你们的梦想，是草根的梦想。我们觉得我们未来组合起来将改变整个中国的实业，所以今天我们在说的就是这个梦想并不大，也许就是从你做好自己的东西开始。先不要着急说企业赚钱的机会在哪里，而是要看企业能够为我的目标客户提供价值的机会在哪里。然后找到我的核心竞争力，然后再来看外面的平台有哪些，外面的资源有哪些。中小企业不利用资源是活不下去的。做企业，一个企业家最根本的是要靠自己。同时做一个企业家最根本的，你是要靠别人。所以我今天回过头来还是说预见的是什么？预见的更重要的是你自己更美的那个未来。

王牧笛：最后我要总结了，因为我个人作为一个财经节目的主持人，主持了很多的论坛，而最近两年左右的时间，几乎所有的论坛都要冠名以“互联网 +”。其实今天也是一个“互联网 +”的论坛大数据驱动的一个论坛，但是直到今天这个论坛，我才真实地理解了“互联网 +”的本质含义，理解了大数据的真实的力量。所以我们呼唤一个真正的“互联网 +”，一个真正的大数据的时代，一个新外贸的时代。我们预见的一个未来，这个未来就叫作从汗水驱动到数据驱动、智慧驱动的一个新外贸的充满梦想、令人激动的未来。

第三章

中国与制造业强国的差距在哪里

在这一章郎教授给各位做一个前所未有的分析：美国从1860年开始到底做了什么事，能够让它成为制造业强国，同时我们也共同探讨中国制造业的出路在哪里？

迪一声

有个段子说人类因为懒得走路，所以发明了汽车；因为懒得上楼，所以发明了电梯；因为懒得写信，所以发明了电话。所以说有这么一句话，世界是被懒人推动的。昨天我听到这句话以后特别激动，以至于今天早上我差点没起来床，特别想睡个懒觉。后来一想不行，我必须得来。我要把我心里深藏多年的几个有关造福于懒人的神奇产品的 idea 跟你们分享。这些产品你一听就觉得太牛了，实在造福于我们每个人。

第一个造福于懒人的现象级的神奇产品就是可以植入记忆的耳机。想一想只要一戴这个耳机，你听到的一切马上刻到你的脑子里，神奇吧。以前我们说眼睛是心灵的窗户，眼睛特别重要，耳朵好像很长一段时间都不太受重用。自从有了这种耳机，耳朵会成为人类进步的阶梯。而且最重要的是耳机会造福于学生。以前学生上课怎样，左耳听右耳出，现在全记住了。所以设想一下，一个特别值得期待的未来。满大街都是学霸，呈几何级数的增长。也许你会问我，学渣哪里去了？学渣靠倒卖这款耳机成为亿万富翁。第二种产品也非常的重要，就是可以晒干衣服的洗衣机。我们目前所有的洗衣机都只能甩干对吧，不能晒干。你说这些洗衣机怎么好意思说自己是全自动和多功能的呢？它连晒干都做不到。我每次在商场看到这种洗衣机，心里都会有一个鄙视的声音升腾出来，就是“皮皮虾我们走”。所以我在想，如果一台洗衣机能够把你的衣服晒干，甚至是帮你折叠好，我一定会在我家的户口本上写上它的名字。第三种神奇的产品你们绝对会认为我这是一个伟大的设想，就是可以冲走脂肪的淋浴花洒。肥胖几乎是我们每个现代人的困扰。减肥大家都觉得好像很容易，六字方法：管住嘴，迈开腿。可是我去年的减肥目标是减 20 斤，今年过了一个春节怎么样了？我现在离这个目标还差 40 斤！所以说这种东西特别好。一冲，你的脂肪就掉了，就减肥成功了。所以说这个产品是划时代的，一方面会造福于我们这些肥胖者，另外一方面会净化社会空气、社会风气。

刚才我聊了这三个现象级的造福于懒人的产品，如果这些产品可以梦想成真成为现实，我希望咱们中国率先攻克它。如果外国攻克的话，我们还得代购，多麻烦。中国攻克它最容易，事实上这些年中国制造也在从大到强。因为以前我们经常吐槽中国制造叫大而不强，比如说我们 2017 年终于攻克了圆珠笔芯。我们可以生产上天的火箭，可以生产下五洋捉鳖的探测器。但是我们几十年都搞定不了圆珠笔芯，但是前不久终于搞定了，所以说制造业要由大到强。

尤其当下特朗普“修墙”总统上台以后，这个搞了新的贸易保护主义，给我们中国制造制造了新的麻烦，也制造了一个新的语境。在这样的语境之下，中国制造的明天如何？为什么特朗普要搞贸易保护主义，在特朗普这个新的贸易保护主义语境之下中国制造的未来是什么。有请我的搭档，著名经济学家“郎旋风”，郎咸平先生！

郎来了

一、中国制造业独有的特征：大而全

我们过去经常谈到，目前中国制造业下行压力很大，那么今天我想换个角度谈，中国制造业拥有着全世界其他国家所没有的一个重大优势，叫作大而全。

根据世界银行的统计，2010 年中国的工业产值已经超过美国，成为全世界第一。到了 2011 年，我们的工业增加值是美国的 1.2 倍，日本的 2.35 倍。到了 2012 年，我们超过欧盟所有国家的加总，这个体量是惊人的。我再给各位举个比较微观的例子，以产品而言，中国有 220 种工业产品的产量是全世界排第一的。我给各位随便举个例子：我们就挑几个排名第一的工业产品，比如说空调，全世界 80% 是中国的，还有手机 70%，化纤 70%，钢琴 70%，电冰箱 65%，还有生铁、水泥、电解铝等。

你看到没有，就是我们不只大，而且我们还很齐全。我们用数据说话，联合国发布了 39 个工业大类，191 个工业的中型分类，还有 525 个工业的小类。根据联合国的报告显示，全世界只有中国一个国家拥有所有的分类工业。传统中的工业强国德国、美国、日本都没有。所以中国这个数量是全世界最庞大，而且这个工业种类也是全世界最齐全的，所以我给中国的工业取了个名字叫作大而全。

二、工业强国制造业的优势：小而精

那你可能要反问我了：郎教授，既然如此的话，我们心目中的工业强国美国、德国、日本是什么情况呢？那我现在给它们取个名字叫作小而精。高端制造业它们拥有优势，我们挑了 14 个大家经常谈到的高端制造业：卫星导航、民航客机、通信设备、无人机、互联网、航空发动机、芯片产业、智能手机、笔记本电脑、航天工业、液晶面板、高铁产业、锂电池产业、民用造船。

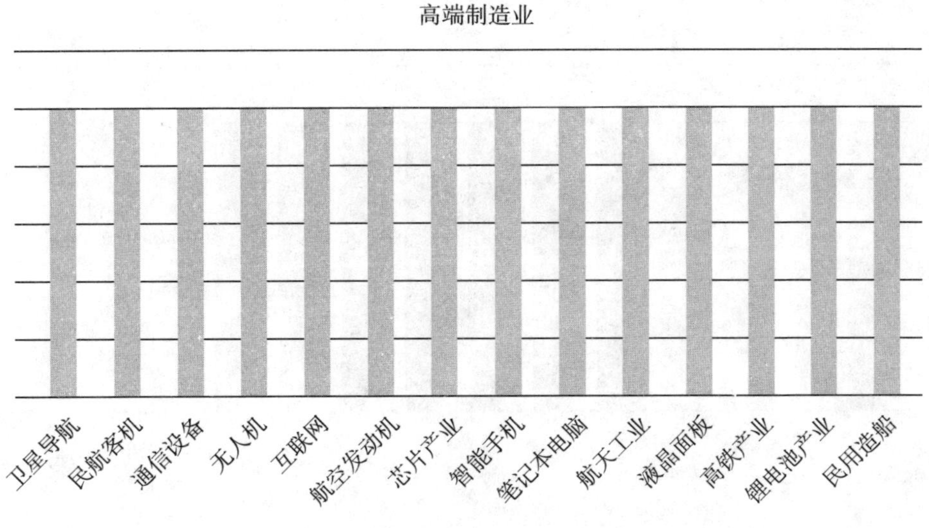

我们先看美国是否拥有14个高端制造业。

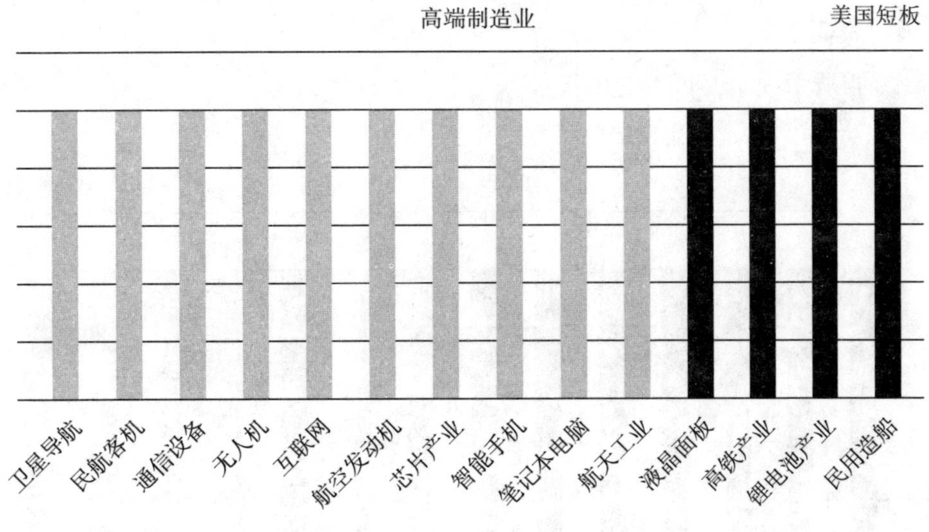

黑色表示美国的短板：美国没有液晶面板、没有高铁产业、没有锂电池产业、没有民用造船，也不是完全没有，而是基本没有。

德国的短板：

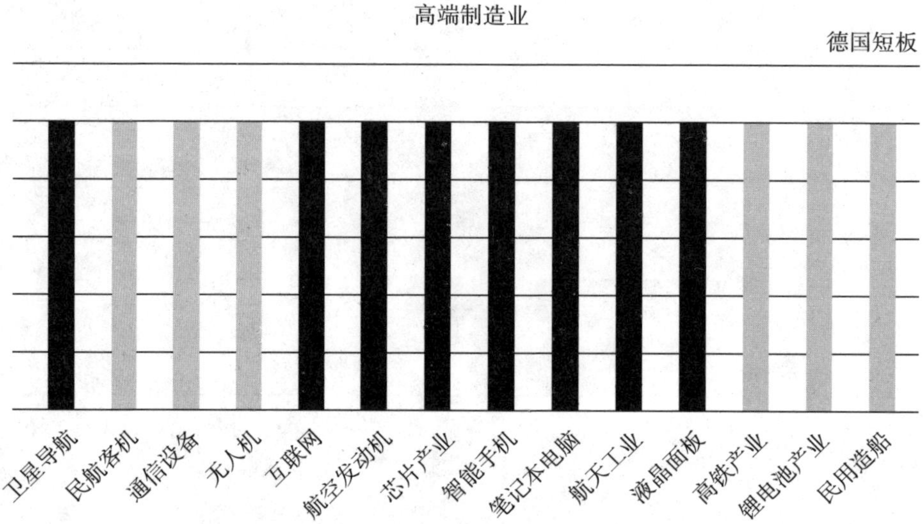

德国没有卫星导航，没有互联网，没有航空发动机，没有芯片产业，没有智能手机，没有笔记本电脑，没有航天工业，没有液晶面板，这是德国的短板。

再看下一个，日本的短板：

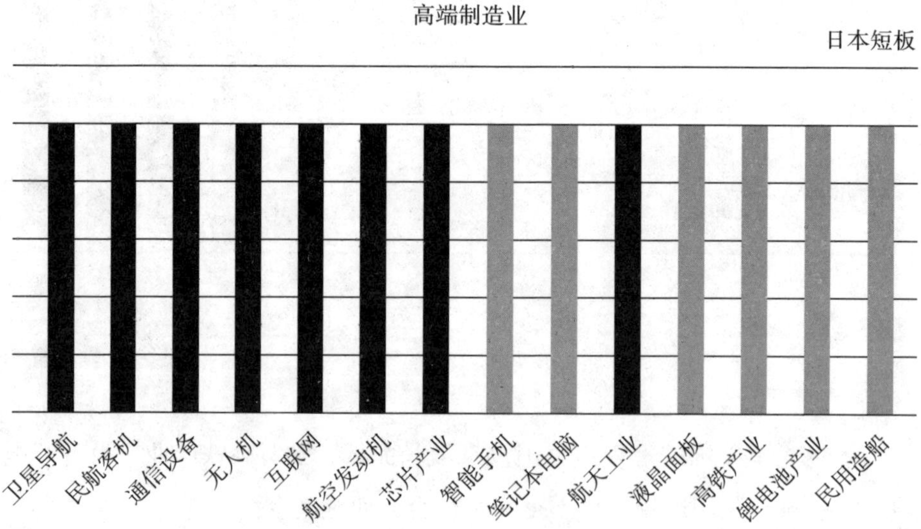

日本没有卫星导航，没有民航客机，没有通信设备，没有无人机，没有互联网，没有航空发动机，没有芯片产业，没有航天工业。美国、德国、日本，都有相当程度的短板。

再看看中国，全部都有，甚至高铁产业高达 70%，民用造船 49%，锂电池 46%，智能手机 42%，连这个通信设备都达到 30%，互联网 30%。我们最短的那块板是哪个呢？是民航客机、航空发动机和芯片技术。

可是各位不要气馁，从 2017 年开始民航客机这个比例大幅攀升。为什么？因为我们 2017 年 C919 大型客机投入运营，同时我们国家通过五大力量成立了航空发动机的制造工业。所以不出几年时间，我相信这两个比例比较低的高端制造业也会奋起直追。看到没有，连高端制造业，我们都是全部都有。我可以给个结论，中国工业产品里面任何行业，高端也好，中端也好，低端也好，我们什么都有。

三、制造业发展之路：中国 vs 美国

那我们的机会在哪里？现在给我们有关业者提供一个指导性的方向，那就是学习一下美国。毫无疑问，美国是当今工业的领头羊。美国过去和我们是一样的。1860 年，它也是大而全，那么这个大而全的国家，是怎么走到了今天这种强的地步？我觉得我们需要做进一步的分析，请你看下面这幅图：

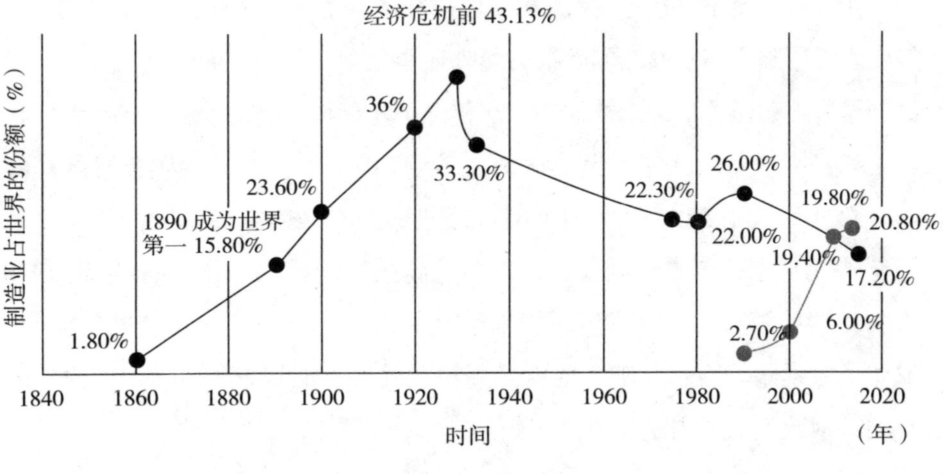

这幅图非常非常有意思，这个图是制造业的份额。黑色的线代表美国，灰色的线点代表中国。

1860 年美国制造业的比例占全世界的 1.8%，排名是全世界第四。那么，我找相对应的 2000 年的中国，我们占比 6%，我们也是排名全世界第四，所以中国的 2000 年和美国的 1860 年是一样的。

1890 年，美国成为全世界排名第一的大而全的工业国。它的比重高达 15.8%，好极了，他们花了 30 年的时间，中国呢？到了 2010 年，花了 10 年的时间成为全世界大而全的工业国。

所谓这个制造业占全世界比例呢，高达 19.8%。美国人花了 30 年，从世界排名第四到排名第一。中国花了 10 年，从排名第四到排名第一，我们比美国快 3 倍。

下面我告诉各位，美国从 1890 年开始一直到 1920 年，又花了 30 年的时间从大而全走入了工业第一强国。那么未来呢，我们是不是可以花 10 年进入工业强国呢？还是我们需要花 30 年呢？

四、打造制造业强国，政府需要做什么

下面我给各位再做一个前所未有的分析：美国从 1860 年开始到底做了什么事，能够让它从大而全变成强。我分析的结果是美国政府的四大政策：

第一个政策：知识产权保护。1790 年美国推出最严格的产权保护法，侵权之后，除了要求赔偿实际损失之外还会给予实际损失的十倍、百倍、千倍的惩罚性赔偿。这么严格的知识产权保护才能真正遏制抄袭，保护创新。

第二个政策：欢迎移民。从 1860 年到 1920 年间，是美国移民的高峰期，总共移入了 2895 万人到美国。这些移民不是简单的劳工，他们给美国制造业带来了 3 倍的增长，这些都是高质量的移民。从 1860 年到 1930 年间，这些移民给美国带来了 17 万项专利。举个例子：听过贝尔没有，发明了电话跟留声机是吧，他就是苏格兰移民，他带来了电话跟留声机的专利，钢铁大王卡内基，也是移民。

大量的高端移民进入美国，第三个政策又出来了，就是美国政府推动的打破美国的垄断。

根据统计，1890 年美国 1% 的公司控制了 44% 的产品。这个垄断是可怕的，而且美国 1% 的有钱人（的财富）是后面 87% 的总和。垄断带来可怕的贫富悬殊，美国政府从 1890 年到 1920 年 30 年间出台了诸多法律。干吗呢？打破各种形式的垄断，包括价格歧视，包括利用优势地位进行不公平竞争，包括恶意的兼并收购消灭竞争。因此这 30 年间的法律出台，就是消灭各种各样你能想象到的妨碍竞争的各种垄断。一个有创意的年轻人只要凭自己的努力，就可以在一片没有垄断的沃土之上创建自己的辉煌事业。

接着第四个政策出来了，最好的营商环境。我给大家再举个例子，那就是 1861 年之前美国企业是没有税的，什么税都没有，它们只有关税，平均 20%，但是民生必需品的进口是零关税。就是这样的一个国家，从 1861 年开始加了销售税，平均 15%。工业呢，工业工厂的老板不要缴税，一直到了 1913 年才引入了所得税，税率从 15% 到 35% 的累进税率。什么叫所得税，不赚钱不缴税，赚钱才缴税。

我以税为例子，你会发现那个是前所未有的优越的营商环境。美国人通过创新将整个工业大国转化为工业强国。全世界各国的投资都涌入美国，1860 年美国的海外投资只有 3 亿美元，而 1908 年的数据显示增加了 21 倍，达到了 64 亿美元。因此这四大政策终于将美国从一个大而全的制造业大国变成一个制造业强国。

因此，今天我们走在这个十字路口，我们花了 10 年时间就达到了美国花 30 年达到的水平，但是未来何去何从？ 10 年？ 30 年？要看我们这四大政策能不能够落实。第一，强而有力的知识产权保护。第二，一定要注重人才，用各种方法吸引人才，包括移民。第三，绝对打破垄断，要强调什么？自由竞争，而且是公平的自由竞争。第四，一定要改善工业的投资营商环境。如果做到这四点，我相信我们通过未来的 10 年，是有机会从大而全的制造业大国，转变成我们大家所希望的制造业强国！

三见客
——房地产出身的特朗普因何重视美国制造业

（本期特邀嘉宾：

马光远：经济学博士，著名经济评论员

陈　明：国家工信部品牌培育专家组核心成员，华南理工大学工商管理学院教授

秦　彧：中山大学青年学者，资深媒体人）

王牧笛：我们要聊的中国制造现在面临一个新的语境，就是特朗普的这个贸易保护主义者，这个人很奇怪，所以他到底是怎么想的呢？贸易保护主义抬头之后，中国制造业该怎么办？咱说特朗普，按照美国的传统，尤其是共和党的传统，一直以来都是比较支持贸易自由的，而且这也算是很长一段时间内美国的基本国策吧。那为什么上台这几天贸易保护主义就开始大行其道？我想先听马老师分析分析特朗普怎么想的？有人说他疯了。

马光远：我觉得特朗普从上台到现在，他是越来越正常了。因为美国的政治以前其实是不正常的，就是选举的时候说一套，但上来以后做一套，最后大家发现特朗普是说一套做的也是这一套，这是挺吓人的。以前的政客都不是这样，因为都是骗人的，他说那些话就为了选票，但是上来以后就把他说的那些话全给拿掉。

王牧笛：包括咱们之前曾经吐槽说“修墙”总统，发现他真修墙了。

马光远：他真修，全球的精英在特朗普上台以前都认为他上不了台，

然后在他上台以后又很乐观地认为他不会按照他说的去干，现在大家发现自己都错了。

他全部按照他说的在干，而且我们现在对特朗普有一个很大的误解。

就是说他是不是真的在搞贸易保护，我觉得不见得，为什么？因为他现在做的这些事本身，比如他跟日本、加拿大、墨西哥之间的贸易，他讲了我要重新跟你们谈，而不是说现在我就关起门来怎么样怎么样。

郎咸平：对，也就是说，他把以前留的框架都给你打掉。什么 TPP（跨太平洋伙伴关系协定），什么北美自由贸易协定，全部给你打掉，重新来一个个谈。而且有什么意思呢？一开始我们以为要针对中国对不对，好像现在没有了。他批评德国说你操纵欧元汇率，德国说“我没有，我没有”。然后批评日本，批评加拿大，而且效果特别好。这就是我最不理解的，他为什么四处树敌呢？这是什么原因呢？这就是竞选的承诺。他竞选的时候就是这么讲的，他就是这样兑现了。他不管别人怎么讲，他是讲美国人民怎么想，他是一个非常不政治的人。

王牧笛：所以这个问题在这儿，您说特朗普有几个比较经典的口号：一个叫美国优先；一个是他就职演说里面说到的买美国货，用美国人。但问题是，他废掉了奥巴马时代的跨太平洋伙伴关系协定。跨太平洋伙伴关系协定的原则其实也是美国重新书写贸易规则，它也是个美国优先的原则，但他不要，这是为什么呢？

马光远：跨太平洋伙伴关系协定，以前我们就做分析，因为它以前有一个很重要的目的就是要在贸易层面包围中国。在某种程度上它是针对中国的，因为它提高了很多贸易的规则和门槛，但是这个规则和门槛某种程度上是牺牲美国利益的，比如说牺牲美国一些产业。因为我们知道，在跨太平洋伙伴关系协定里边有个很重要的规则就是无条件的零关税，而且跨太平洋伙伴关系协定本身等于是美国跟日本带着一帮小喽啰在玩。也就是说，事实上占便宜的是越南、文莱这些小国家，这些国家会给美国造成很大的冲击。

郎咸平： 对，比如说你看，我们很多工业基地搬到越南去，它可以零关税出口给美国，对美国本身的制造业那又是更深的冲击。所以这就违反了特朗普的竞选承诺，所以他也不干了，也就是所有的东西都必须对美国有利，所以他不仅给墨西哥建围墙，而且给全世界建了个新的围墙。没办法，他心中有墙。

王牧笛： 贸易保护主义在全球化的今天其实广受诟病，很多人说美国要搞贸易保护主义是杀敌一千自损八百，有这样的概念，而且现在中美这样一个贸易关系，中国也不是说完全就那么被动。

郎咸平： 我们以前很担忧那个纳瓦罗，就是白宫贸易委员会主席，纳瓦罗被任命之后我们很担心，因为他对中国是很敌视的。可是自从他上任之后没有批评过中国一次。我一直观察他的言论，他讲了德国没讲过中国，这个非常奇特的。他表现得是非常的正面。也就是他整个团队对中国的态度，我认为是有 180 度的大转变。

马光远： 我重新读了拉古拉迈·拉詹的《断层线》，我们如果从美国政治的变迁来看的话，特朗普的上台，包括特朗普目前所有的号召、口号和做法跟他在《断层线》里边提到的一系列的原因有关。比如说贫富差距的拉大，如那些锈带的工人，他们的生活状况的恶化等导致他上台。所以他迎合了这些人，然后他按照自己的做法来做。但是他做的时候非常聪明，他知道取舍，比如说他对中国的态度，我不认为是因为他女儿，他女儿不足以影响他对一个国家的判断。

郎咸平：我必须得讲一句我心里面的话，也就是说他对中国观念的改变，和他身边的智囊的推动很有关系。包括他的女婿，他的女儿，还有财政部长等人。根据我们最近做的研究发现：这些人，比如说财政部长，他是高盛出来的，高盛出来的人都有个特色，非常理性，非常保守。这些智囊认为只有跟中国搞好贸易关系才能更迅速地达到他的目标。举个例子，中国，中国是唯一可能远远超过俄罗斯的国家。能够大量进口美国的产品。如果中国能够跟你合作的话，我相信双方合作的结果是可以更迅速地帮助特朗普实现他的愿望。

马光远：所以我觉得现在我们真的就是怎么样来评估特朗普，对美国以及全球经济本身究竟会造成多大的影响，我觉得我们可能也要换一种思维，包括他搞的所谓的贸易保护主义，他的敌人究竟在哪里。因为我们看不到，他的这个开炮不像以前那样是泾渭分明的。比如说我属于哪个阵营的，我向哪个阵营开炮，他是向所有的人开炮，包括对中国。他究竟怎么来做，包括他的这个态度的转变，我觉得过去是不是我们对他有很严重的误判。比如说他的一些说法，是不是让大家认为他对中国很敌视，我觉得我们可能要重新评估。

郎咸平：对，他是很务实的人。他那个国家安全顾问弗林不是闪电辞职了吗？这个对美俄之间的关系会有深远的影响，因此未来我们预判，大概跟中国在经济方面来一个更深化的互动也是有可能的。

王牧笛：简单总结一下：一方面特朗普是一个选前和选后都言行一致的男人，基本上是这个样子，按照他之前的承诺在做。另一方面就是说目前他这么四处开炮，其实还不够明朗，还有待观察，但是有一点比较确定的就是，现在大家集体热议的这个所谓贸易保护主义抬头，尤其是他的这个承诺，所谓用美国人、买美国货对当下我们刚才聊的中国制造构成了一个新的麻烦或者叫一个新的语境。本来这些年我们说中国制造已经面对前有狼后有虎，中间一堆小老鼠的境况（东南亚以更廉价的劳动力在拿走中国制造）。而美国呢，制造业的复兴法案也好，高端制造业的回流也好，让我们制造业的很多顶端，又回到了美国。我们《财经郎眼》一直为之鼓与呼的国之重器——制造业——怎么办？前文，朗教授做了一个详尽的分析，从这个大而全的品类要向一个不仅是小而精而且是一个大而强这样的一个进化，在马老师看来呢？

马光远：我觉得特朗普最让我赞赏的，是他虽然是一个开发商，但他大声地为制造业疾呼，而且现在大家千万不要以为特朗普搞的制造业是不靠谱的。就现在来讲，美国的制造业走到今天，中美制造业之间究竟是一个什么样的状况？我觉得第一个就是美国从来没有放弃过制造业，制造业的这种国际的转移和变化是产业漂移的一个结果。也就是说有一些产业不符合美国的这种竞争优势了，就漂移出去了。所以我们以前老是误认为美国不搞制造业了，其实不然，美国仍然是制造业第一强国。如果按照国内生产总值算，中国是第一，美国是第二，但是如果按照国民生产总值计算的话，美国的制造业仍然是第一，我们不是第一。美国是制造业强国，我们是大国，不一样。美国从来没有放弃过制造业。

郎咸平：而且我们不要进入一个误区：就是说美国说要振兴制造业不是嘴巴说说强迫你回来建厂，而是它的成本非常低，这就是为什么福耀玻璃会跑到美国去。在中国，大概劳动力成本有优势，但其他方面的话可能都不具备优势。而且特朗普上来之后甚至要怎么样？大幅减税！公司所得税从 35% 降到 15%。这是什么？这也是降低企业成本的一个重要的步骤。换句话讲，他不只是嘴巴说我要拉回制造业，而且也在身体力行地推动政策，让制造业有更低的成本，让它们能够回流。所以特朗普是个主观上希望它们回流，客观上也创造条件让它们回流，而且他作为一个总统还去敲打这些汽车厂商。

马光远：对，比如说他看起来好像很粗暴，很野蛮，但是他的对策很靠谱。比如说减税；美国制造业在过去几年尽管从数字看，比如说拉动的就业占国内生产总值的比重可能没那么高，但是制造业回流已在美国悄悄发生。我们想最可怕的是哪一步？就是高端制造业领域。如果高端制造业领域通过减税，通过放松监管，通过一系列大力的刺激政策真正实现制造业在美国本土生产的话，那他不用讲要用美国人、用美国货，他不用讲这句话就一定是这个结果——大的（企业）都回去。

郎咸平：而且特朗普很多事件做得非常有意思，比如说我们讲减税，人家说你减税一个直觉反应是什么？你减税，你这个财政赤字就要爆发了，是吧？他没这么简单，这就是为什么他要叫日本多出军费，北约多出军费，把这个钱省下来可以省很多。他算得很精的，这个人他早就想到这一点，因此说去掉北美贸易协定，这样的话他可以省下不少钱，这个钱刚好弥补财政赤字。所以说特朗普这个人是有一个全盘计划的。

马光远：扶持制造业应该也是他的一个长期的国家战略。包括中美之间，我觉得在贸易领域更多的是依赖，因为他最后也会算账，他发现中国制造对美国制造的威胁可能没有日本和德国大，因为在全球制造业领域真正对美国构成威胁的绝对不是中国而是德国。

王牧笛：陈教授，您怎么看特朗普上台以后贸易保护主义的抬头，以及中国制造的忧思？

陈　明：我觉得美国的贸易保护政策对中国制造业应该影响的是 Made

in China（中国制造）的品牌，不是中国制造的产品。因为美国货有很多是中国制造，所以我觉得现在中国制造业最大的问题是转型的问题。以前我们是为品牌商生产，我们受制于人家的技术，受制于人家的订单，现在我们要自主生产改变这样的模式。我觉得现在中国的消费者最大的变化是已经从温饱走向了精神和情感性消费。比如说现在互联网时代我们要个性化、要多元化这样需求的满足。但是中国的制造业还是在讲大规模、低成本，还在讲这种所谓的规模经济，这个跟现在的市场需求是不吻合的。我觉得现在谈出来供给侧改革这个问题，我对供给侧改革的看法是什么呢？我觉得供给侧改革关键不是去库存、去产能，而是补短板。什么短板呢？叫供需失衡的这个结构性的一个短板，供需之间不匹配。

现在消费者要什么？要三个东西：品种、品质、品牌。一个是品种，咱们不是说产能过剩而是品种太少，单一品种多了，多品种少了。

一个就是我们讲的品牌。就是产品质量是好了，但附加值小了，品牌价值不高。所以现在我们说要补短板，这是供给侧改革的一个大问题。

还有一个我觉得就是我们讲到的“工业 2025”的问题了，“中国制造 2025”讲的是什么呢？讲的是通过互联网、云计算、大数据，实现前连研发后连用户，实现整个价值链的打通。目的是要干什么？给消费者提供一些个性化的定制的产品，这个恰恰是我们现在中国制造业所很难实现的东西。这就需要中国制造业反思了，你能不能够满足消费者这样一个个性化需求呢？我们讲要个性化就要柔性生产，要想满足多元化那就得要互联网 +，要跨界整合。

秦　彧：听陈老师说品牌，我就想到情人节，一到情人节，中国的巧克力的消费量就大增。但是在这个大增的巧克力的消费量里面国产品牌非常少。大部分都是国外品牌，尤其是意大利的品牌有很多。这是我们食品制造业的质量问题呢？还是我们消费心理的问题，或者是我们对品牌辨识度的问题？听两位教授讲，我也很受启发。我倒觉得今天我们说的特朗普的贸易保护其实没有那么可怕倒是真的。从另一个角度上讲，对中国制造的围追堵截一直也没有断过。在特朗普之前，美国、欧洲、日本包括巴西、印度、以色列对我们装备制造业的进口关税都是在40%以上，所以对于中国制造的防备或者说是用一些政策，也都是可以理解，因为大家都在一个竞争的环境里。刚才两位教授也讲了到底我们是不是美国最强劲的对手，在制造业这个领域里面，其实更多的我们可能还是跟美国是互补型的多一些，那么我们中国的制造业怎么发展？我觉得有两点：第一就是“他山之石可以攻玉”。我们要学习借鉴美国在制造业发展由大而强的这个产业上的经验和教训。第二就是我们中国有句老话叫“任它东南西北风，我自岿然不动”。外面的贸易环境、贸易政策不是我们能够一力去改变的，不能一直顺着我们的想法，那么我们只能去寻找中国的道路。从跟跑到并排跑到有朝一日能领跑，真的要做到教授讲的那四大政策：人才、知识产权、政策、制度这全方位的保障和提升。

赵小漩：一份最新的民意调查里面就提到，现在大多数的美国人都认为自由贸易是美国经济增长的机会而并不是威胁，那么自由贸易协定是美国市场发展的福音而并不是诅咒。同时美国公众对自由贸易的支持率是攀升至自2000年以来的最高点。在大多数美国公众都支持自由贸易的这样的环境下，为什么贸易保护主义又重新抬头了呢？

郎咸平：其实我自己是在美国读书，在美国念经济学、金融、商学的。所以我应该最支持自由贸易是不是，可是你要晓得任何事情，比如绝对的自由竞争、绝对的自由贸易本身也会产生很多的弊端。比如说，自由竞争是不是好？是好的，但是一个没有法治的自由竞争，结果就是权贵主义。我以前也说过这个话，自由贸易也是一样，一个没有规范的自由贸易，到最后一定有很多人受损，而受损的就是美国的蓝领工人，这也是为什么特朗普能够当选。因此，你今天怎么看这个问题的？也就是说自由贸易也好，全球化也好，谁得利了？华尔街或者东岸、西岸，他们得利了，中间的那一带老百姓呢，全部因此而受到损失。那我请问你，自由贸易是好的吗？所以我跟你讲，特朗普他当选不是没有原因的。尽管有些民调机构，包括 CNN（美国有线电视新闻网）这些，他们说百分之五十几的老百姓反对特朗普，这根本不可信，我认为应该是百分之六七十都支持他才有可能走到这一步。所以说自由贸易这个概念特朗普他会做一个重大的改变，问题是我们怎么应付的问题，这里面当然包括欧盟，包括澳大利亚，包括中国。我们继续提倡自由贸易，为什么呢？因为对我们是有利的，理解我的意思吧，所以大家各取所需。

赵小漩：十年前如果有人说墨西哥制造业的能力和竞争力有可能强于中国，我们可能会认为这是痴人说梦，因为那个时候我们正在崛起，成为世界工厂。然而现在这句预言可能是要成为现实了，我们看到有一些企业将工厂设在墨西哥，还有的设在东南亚，比如越南这样的一些国家。那么墨西哥或者是东南亚的这些国家是否有可能成为下一个世界工厂，而成为我们有竞争力的竞争对手？

马光远：我觉得这个特朗普最值得中国学习的地方就是对制造业的重视。刚才前面两位也讲了，就是中国的制造业应该如何如何突围。我觉得最重要的是要重视。当特朗普作为一个开发商大力鼓吹制造业的时候，需要中国引起更大的警惕。此外我认为，你不可能永远做一辈子世界工厂，因为产业的漂移在全球范围内一直发生。我们慢慢地也会做高端，别人慢慢地来做低端，所以这个事倒不是我们值得担心的。

郎咸平：我必须再重复一下我的观点，也就是说制造业是一个真正能创造财富的行业。我们一直强调制造业的重要，我觉得最近这半年来有很大的改观，你们有没有这种感觉，整个政府对制造业开始下发各种文件，各种政策开始搬上台面。我觉得我们现在做得还是不够，还是有点晚，我们应该加大力度重视制造业。

王牧笛：最后我们听一听罗密欧的观察。

罗密欧：我想开场的时候你提到了这个圆珠笔的圆珠笔芯，这条新闻也是被很多外国的报纸报道的，然后我看了这个报道之后在想，其实这个报道的意义不在于说中国在一两年之后可以剪掉圆珠笔芯跟日本的进口关系，提高利润，降低成本。这个不是重点，重点是中国的制造业的精神和态度所在，因为他们不停地去研发和研究怎么能提升自己，这是很重要的。从一个消费者的角度来讲，我真的是觉得建立品牌是很重要的。像美国的苹果也一样的，它们现在强调的并不是在哪里制造的，因为它们对产品制造的水准和水平非常放心。它们现在强调的是在哪里设计的，甚至一些苹果的产品，它们的logo（标志），它们打的那个口号是“Design in California”，就是加州设计的。它们是已经跳出来了这个哪里制造，已经往上提高自己品牌的名声。这个是很重要的。因为在国外，只要一个外国人买任何的一个物品，它一旦坏了，消费者可能会开玩笑地说中国制造，实际上中国制造现在已经不是那么落后了，但是从形象的角度来讲，还是需要提升和提高这个品牌的形象和能力。

王牧笛：谢谢国际友人罗密欧的观察，特朗普上台引发了一系列的讨论，50多岁的奥巴马已经退休了，70多岁的特朗普开始工作，工作这段时间也给全世界提供了街头巷尾的无数谈资，最后用一个网友的评论作为收尾，他是这么说的：美国选情变幻莫测，最终特朗普当选。那中美关系将何去何从呢？尤其对于南海、朝鲜、中国台湾等地的局势如何影响，我国如何应对？中美贸易有何对策，为了获取这些复杂问题的答案，我登上了一辆北京出租车。

第四章

中国制造业的灵魂是什么

近些年有很多很重要的新闻出现，比如说大飞机C919，比如说“中国制造2025”，大家猜一下它们的灵魂是什么？高科技吗？创新吗？都不是，是工业设计，工业设计才是其中的灵魂。

迪一声

小时候有个绕口令讲中国古代有多少个朝代：原始社会夏商周，春秋战国乱悠悠；秦汉三国晋统一，南朝北朝是对头；隋唐五代又十国，宋元明清帝王休。有这么多朝代我也数不太清，一口气说不上来。每个朝代都有自己鲜明的特点。

比如说汉朝，有什么鲜明特点？武功强盛，还记得汉武大帝驱逐了匈奴，把匈奴赶到漠北。所以当时朝廷有一句话叫“犯我强汉者虽远必诛”。这句话说得真的是非常地强悍，“犯我强汉者”，所以民间还有一句话叫“下雨天打匈奴，反正闲着也是闲着”。武功强盛的汉朝，有很多有名的大将，比如说卫青还有他外甥霍去病。霍去病有句名言叫“匈奴未灭，何以家为”，就是匈奴还没赶跑呢，我怎么能成家呢？这古人就是有智慧，他为了应对父母的催婚，都能想出这么高大上的理由，上升到了国家层面。

汉朝之后还有一个有鲜明特色的朝代是唐朝。除了汉人我们还是唐人，唐人街。意大利有唐人街，美国有唐人街。唐朝最重要的特点是什么？开放，非常的开放，当时叫万邦来朝，据说有超过 300 个国家派驻使节到长安。唐朝除了开放之外，文化对外交流也非常地频繁，非常地开放。

唐朝之后就是另一个我特别喜欢的朝代，士大夫的精神，精神的陡峻，这就是宋朝。宋朝不仅精神上的高度非常的高，是知识分子的黄金年代，更重要的是它有两个特点：第一个特点有钱。第二个特点是不任性，藏富于民。老百姓有钱，宋朝的国内生产总值你们猜一下占全球多少？50%，还有一种说法说接近 80%。宋朝的国内生产总值在当时占全球的将近 80%，几乎快覆盖整个地球了！所以一个成语叫富可敌球。多有钱呢，看过《水浒传》吗？武大郎做什么的？卖炊饼的。卖炊饼的武大郎在当下中国算贫下中农了吧？但你回忆一下《水浒传》，想一想那个电视剧里演的武大郎可是有一栋二层的小楼，闹市，临街，旺铺。

所以我们看中国的历朝历代，古代的各个历史阶段都有不同的鲜明特色。那当下呢，当下的语境当中如果用一个词或者一个字来形容，我会选择“快”这个字。我们这个时代太快了，心态也快，脚步也快，这个国家崛起也快，社会变迁也快，什么都快。包括企业，包括国之重器制造业的转型升级也要快。制造业转型升级除了快还有没有别的方法论？有请我的搭档，著名经济学家“郎旋风”，郎咸平先生。

郎来了

一、工业设计：C919 大飞机灵魂

近些年有很多很重要的新闻出现，比如说大飞机 C919，比如说这个“中国制造 2025”，大家猜一下它们的灵魂是什么？高科技吗？创新吗？都不是，是工业设计，工业设计才是其中的灵魂。

我举个例子，就是 C919 大飞机出现之后，很多人有很多的批评。这些媒体和专家学者们的批评大概可以归纳为这两项：第一，说 C919 是美国波音 737 的竞争对手，那都是几十年以前的飞机了。第二，这个自己的大飞机，很多零配件，自己都不会生产，还要去买别人的，这个自主制造能力是不足的。其实他们完全说错了，都是说的外行话，他们根本就不懂。各位请注意，C919 的灵魂是什么？就是工业设计。你知道吗？它有上百万

个零配件的接口，这个零配件，讲句开玩笑的话，很多零配件在淘宝上都可以买得到。那我请问你，你从淘宝上买来零配件，就算把这几百万个零配件都买来之后会成为大飞机吗？不会的，你要什么？你需要系统集成，要整个工业设计把它装在一起能够飞，这才叫水平。所以讲句公道话，做到这种系统集成，能够做大飞机的国家屈指可数，因为那是最困难的灵魂。

那么先看看它的零配件，你发现 50% 是国产的是不是？而且是机体为主。其中 10% 它自己生产，40% 给其他的工厂，设备和系统基本上都是国外进口的。你看自己都不会生产设备，不会生产系统，像发动机你会生产吗？不过请各位注意，波音的发动机也不是自己生产的，这个不重要，什么重要？重要的是系统集成，是工业设计，把那些零配件装配在一起。

你不信的话请看下图：这个是波音 787，你发现，一样的，零部件 30% 自主生产，70% 是外包。外包给谁？ 40% 是本土供应商，30% 是国

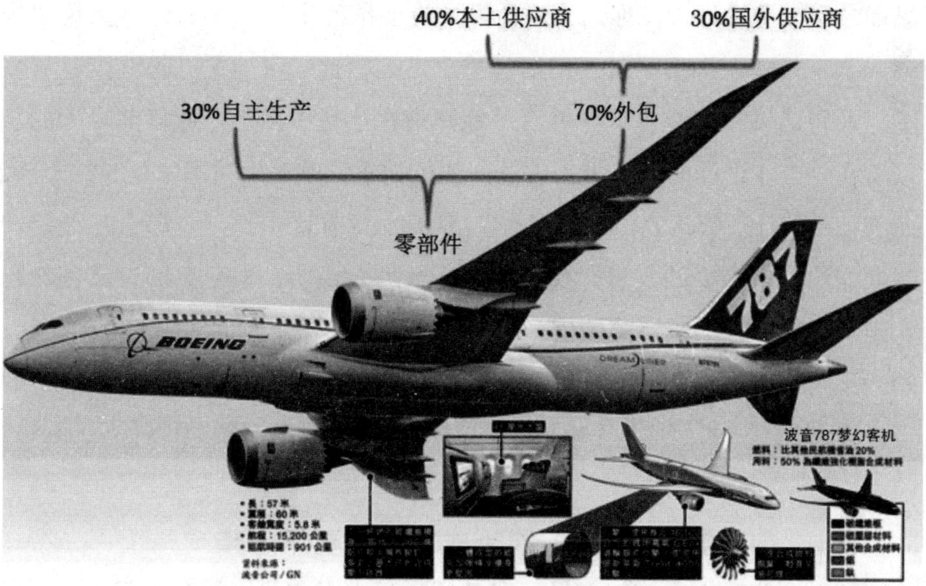

外供应商。

为什么呢？这就是系统集成，这就是工业设计。再给你举一个更极端的例子，看过这个没有？大疆做的无人机，硬件自制率 0，什么都不是自己制造的，都是淘宝上买的。当然它是一个软件拼起来的系统集成，那么从淘宝买的零配件把它组装在一起，还能够飞，飞到什么地步？就这两三年，它的营业额增加了 10 倍，利润增加了 30 倍，被国外某杂志誉为“2015 年最具创造性企业”的第 22 名。这是个最极端的例子，没有任何的硬件技术，纯粹工业设计。以苹果为例，看看它的利润率构成：工业设计是 50%，最高的；供应商，比如说夏普提供屏幕，他们拿 34%；那中国呢，富士康呢？只做硬件制造的呢，4% 而已，而中国就是以这个为主。

二、中国制造业目前最大的瓶颈

有一本杂志叫《世界经理人》，它做了一个调研，就问 100 个制造业的副总以上的专家人士，认为工业设计应该排第几名？怎么比呢，比研发能力、工业设计能力、生产效率、产品质量和销售以及营销能力。这五项里面拿出工业设计，说你认为工业设计应该排第几名？有 41% 的人说要排第一名，33% 说排第二名，15% 说排第三名，这三者加在一起就接近 90% 了，换句话讲，制造业本身也清楚地知道这才是中国制造业目前最大的瓶颈所在。工业设计的资金投入占总产值的比重，欧美发达国家是 5%~15%，而我们呢？ 1% 都不到，90% 的制造业根本没有这个部门。那么工业设计到底能够带来多少的实惠？我们用实际数据来说明，根据英国设计创新行业组织 BDI 的评估，英国的创新设计，投入 1 英镑，它的回报是 225 英镑，225 倍。美国工业设计师协会，就是 IDSA。他们的数据显示，美国的工业设计投入 1 美元，回报是 1500 美元，不可想象！这就是工业设计。

三、“中国制造 2025”能否成功的重要下一步

那么到底我们应该怎么做？我希望通过本书向我们的有关部门、读者

朋友以及企业家们提供一些建议：

第一个建议：培养人才。我们大学的工业设计课什么都学一点，它不是工业设计，应该叫作企业管理还差不多，企业管理课没有真正的工业设计。其他国家呢？我举个例子，撒切尔夫人的名言，她原话是这么说的："工业设计是工业的命脉，英国可以没有政府，但是绝不能没有工业设计，英国现在之所以落后就是因为不重视工业设计。"这话应该给我们中国企业一个当头棒喝。所以从1982年开始，撒切尔夫人就开始注重培养人才。怎么培养呢？从小学开始就推广把设计学作为国定课程，希望能够改变英国设计落后的现状。日本呢？日本也一样，从小学四年级就开设设计教育课程。从小抓起，知道欧美跟日本到了什么地步吗？他们的工业设计已经专业到产品设计一个专业，通信系统设计一个专业，数字媒体设计也是一个专业，在这个专业里面还有很多个细分。

第二个建议：要立法遏制抄袭，否则禁止出口。换句话讲，日本人曾经在20世纪五六十年代用法律来保护创新。那这一点我觉得我们还有待努力。

第三个建议：我希望成立什么呢？一个真正整合式的或者有主题针对性的行业协会。所以最后我想告诉各位朋友，C919大飞机，甚至我们高铁，已经开始了工业设计的第一步。我们已经慢慢了解到工业设计就是个系统集成，是把零配件能够以最高效率整合在一起，工业设计是工业的灵魂，是真正利润的来源。所以我们推动"中国制造2025"不是引进更多的高科技，而是从灵魂、从根本上改变中国制造业现状。只有这么做，我们中国制造业才能够引领全球，让中国走向更繁荣的下一步。

三见客
——日本的工业设计有何借鉴之处

（本期嘉宾：

三宅顺也，MINISO 名创优品全球联合创始人，首席设计师）

王牧笛：说到制造业和工业设计，日本是一个避不开的国度，而且教授在演讲中已经点到了日本。这些年日本制造可以说是整个世界制造业舞台上的一块金字招牌，包括工业设计。我们老百姓也是到日本去买电饭煲、马桶盖，等等，在三宅顺也先生看来，日本制造这些年凭什么大行其道，成为金字招牌？

三宅顺也：全球寿命超过 200 年的企业，德国有 800 余家，法国、荷兰各有 200 余家，而日本有 3000 余家。日本的制造业经过长时间的探索研究，经过很多次失败后，其产品才能受到大众好评。所以，与其说日本制造业是成功的，还不如说我们是值得被信赖的。

王牧笛：三宅提到一个很有意思的事就是，从作坊或者说手工作坊的角度讲，或者从这些企业的生态角度讲，日本的企业特别长寿，好像日本有个温泉酒店，就是一个有 1000 多年历史的企业。用我们当下流行的词叫“匠心精神”，或者这种对品质的管理和管控，或者叫工匠精神。在郎教授看来，日本制造大行其道的一个原因在哪里？

郎咸平：坦白讲，我稍微有一点不太一样的观点。在 20 世纪五六十年代之前，日本的工业设计我觉得还不怎么样，也不可能跟美国相比，但是我觉得日本有一点值得我们学习，那就是它进展很快。它从 60 年代末期到 70 年代开始突飞猛进。他们的成功我觉得有几个原因：第一，普及教育，日本从小学四年级开始设计课，这很重要。第二，日本当时有一系列的立法保护知识产权。如果你是抄袭的话，出口都不让你出口，日本这方面做得还是比较彻底的。第三，日本的行业协会就是在全世界搜集最先进的名词或者是工业技术，讨论、推广。日本能够这么快在 20 世纪七八十年代之后，比如说在随身听、汽车各方面有这么大的突破和它这一二十年的积累是离不开的。但是以我的立场来看，值得我们学习的应该从 20 世纪 70 年代开始，就是我前文讲的这三个阶段。

王牧笛：也就是说在教授看来其实是从近代化或者现代化的角度来看，日本的企业值得我们学习的是工业设计，是这种设计能力。而作为三宅所讲的这个历史悠久的作坊企业来讲可能更多是那种匠人精神、匠心精神。我这里有一个日本的调查公司——东京商工研究机构的数据。全日本超过 150 年历史的企业达到 21666 家，2018 年又会有 4850 家满 150 岁，这是个历史的传承风云。

三宅顺也：关于日本产品的技术力和品质，经常会有人说“日本人的手很灵活”。当然这只是其中的一个原因，而我觉得最重要的原因是日本人都有一颗“一定要比现在更好用、更美观、更加小巧”的探索心和决心，所以成就了很多技术的诞生，这就是日本的技术。品质管理方面，日本品质标准很高，相比其他国家也会高很多，最重要的是根据这个高标准而制定一个完整的管理体制，这就是日本的强项。

王牧笛：三宅这个提法有点意思，他不是说它成功，而是说只要是日本制造，它就是值得被信赖的。

郎咸平：而且他刚刚就提到工业设计了。那么按照我们的资料显示，出现问题的产品，50% 以上都是工业设计的问题。而日本人对每一个零配件那种精益求精的精神，再加上它的工业设计，说他们的产品是最可信赖的，确实不为过。

王牧笛：当我们谈到工业设计的时候，比如说 C919，很多网友质疑说你发动机不是国产的，你好像都不是国产的，就是一个空壳。工信部的回应是我们有很多创新，而且我们总体集成是非常大的能力，这是非常大的创新，非常大的工业设计。但是除了大的之外，其实很多东西比如说一个工业品，一个消费品的外观，它的颜值，它的功能，它的使用方法，它的材料可能同样构成工业设计。广东有很多工业设计园区有好多做工业设计的企业，包括三宅的名创优品，我们很多朋友去过名创优品的店里，知道那些工艺品，那些我们叫新零售的产品，从样子的角度讲非常美，这个里面有非常多的其实是日本式，甚至韩系的一些美学在里面。所以问题来了，当我们进入到审美的层次或者进入外观的层次，我们非常想了解日本人或者您所处的日范儿是一种怎样的审美？

三宅顺也：如果要谈日本美学的话首先请允许我谈一下日本人的内心深处的感性是什么。日本人对朴素、不完整的事物会感到“美”，例如从“极其普通朴素的东西”“复古的东西”得到刺激。

王牧笛：因为三宅是日本很著名的设计师，他的审美观点其实是我们经常说的“Simple is beauty”。简约即美这么一个概念就是从朴素当中发现美。我们看到很多日系的或者日范儿的企业其实都有这个特点，不管是名创还是优衣库，给人的好像是一种简约的不很繁华的这样一种感觉。

三宅顺也：为什么我们的设计都比较简约朴素呢？这来自于我们感性

的一面，因为这种很朴素的感觉是来自于我们丰富的内心，它促使我们在完成高度简约精炼的设计当中，体现出“美”的存在、量的朴素和最小限度的改动，然后注重细节的设计，就是日本人认为的“美”。

王牧笛：刚才三宅顺也给我们讲的是日本制造大行其道的原因，以及一个日本的知名设计师对于审美和工业设计的理解。我们希望他能为我们分析一下当下中国制造处于一个什么阶段。在三宅顺也先生看来，中国制造如果要想实现转型升级，需要有哪些工作要做？

三宅顺也：现在日本或世界上销售的商品大部分都是在中国生产制造的。例如很受中国游客欢迎的电饭煲、马桶盖等产品，它们都是按照日本的质量管理标准在中国生产的。这说明很大一部分中国制造企业自身其实具备生产高品质产品的能力，但现在仍然停留在贴牌代工的阶段，所以很被动，未能作为中国的品牌去让消费者广泛了解原来我们也拥有高技术和高品质的产品。

王牧笛：三宅的意思是中国可能有这个技术能力，有这个制造能力，中国制造力确实很强，但是在品牌方面确实很弱。

郎咸平：其实不是品牌的问题，大家要晓得就是说给我们图纸让我们做，我们可以做得很好。比如富士康，问题是咱们自己能不能设计一个独特的产品。设计不出来，为什么？你没有工业设计。要设计出一个自己的工业产品，之后你才有品牌。世界品牌实验室发布的 2016 年世界品牌 500 强榜单，美国占据了 227 席，中国仅有 36 个品牌，排名全球第五，其中只有 9 个是工业品牌，所以在工业品牌方面中国确实有很大的发展空间。

三宅顺也：在人们印象中不少中国制造产品是以成本优势取胜，如今中国的生产成本飙升，要想留住消费者，必须提高中国独特的生产技术和产品品质，强化品牌意识而不能止步于模仿和代工。今后如果想在市场竞争中为中国制造赢得声誉，我觉得最重要的是确立自己的品牌体制。刚才也有说中国制造业的生产力和技术能力都是非常高的，如果想要发展到下一个阶段，我觉得应该从两点入手：第一点是品质管理和生产管理的强化。即使是同一个产品，海外企业的订购和中国企业的订购从品质上的感觉却是不一样的。为了减少这些差别，在品质管理和生产管理上，中国完全可以确立一个独特的管理体制。

第二点是强化品牌意识。中国企业应该生产出属于自己品牌的产品服务，我觉得这点是很重要的。如果把到现在为止掌握的世界各国的管理体制、技术充分地发挥，再加入含有中国传统文化的独特设计，我相信将会有很多中国品牌就此诞生，中国制造业也将会发展到一个新的阶段。

袁国宝：我想问一下郎教授，您作为一个专家，能给我国政府提一个什么样的建议？我们政府该怎么样为我们的企业真正走向“中国制造2025”提供更好的帮助或者条件？

郎咸平：其实我在2008年那个时候已经讲过了，就是中国企业面临太多的困难，比如说税负，然后在企业运行方面受到干扰也是最多的，还有就是仿冒也是最严重的。有这三个问题存在，会使得企业没有人想真正做研发。所以这三个问题，我觉得是制约中国企业发展的三大弊病，这也是我希望跟政府讲的，如何能够帮助企业升级，不是简单的做科研，不是这么简单的。而是说目前企业碰到的问题，政府帮它解决掉，我们企业才有机会更上一层楼。

王牧笛：这也是郎教授一直所倡导的营商环境的改善，为制造业企业营造一个更好的营商环境。中国品牌要想做得更久，在教授看来应该怎么做？

郎咸平：我举个例子来讲，以华为为例，它搞工业设计是多么的复杂，投入多少的精力时间跟资源才能够走到它今天这个水平。如果说我们整个国家有套人才形成机制，比如说教育体系做个改变，不要那么注重考大学，是否我们应该有更多的这种工业学校、职业学校，那么我们对工业设计会有更进一步的挖掘，更进一步重视，可能这个成功机会还大一点。

余　德：我说一下自己对工业设计或者说对工匠精神的理解。刚才讲的马桶盖，说实话聪明人都在浙江买，一方面给日本做代工，另外一方面自己有自己的品牌。但说到品牌的建立，其一，可能需要系统的打造，它不仅仅是一个工业设计能解决的；其二，我们说在新的维度上面，互联网的维度，我们知道阿里巴巴的电商模式，包括支付宝的支付模式在全球范围都找不着，所以在互联网的领域，软件集成算不算工业？这一点是不是工匠精神？还是它的苗头？

王牧笛：我们不妨先就这个点讨论，我觉得他提了一个很有意思的现象，就是在中国互联网的这些巨鳄，也就是我们经常聊的这些企业当中是否具有了工匠精神？把产品做到极致，它也是一种集成。乐视电视、小米手机既具有了互联网思维，又具有了低价格、高品质，把产品做到极致，这算不算一种互联网领域的工匠精神？

郎咸平：我觉得算，你这个问题讲得非常好，当我们在批评中国企业的时候，像微信这种成功它不是大多数，而是少数成功的产品。但是像你刚刚举的这几个例子，我个人是非常同意的。走到这一步，它这种精益求精的精神，跟华为没什么差别，只是做的产品是不一样的。甚至它的营商模式的改进都是一种工匠精神。找一个最适合你的能够赚最多钱的最高效率的营商模式，这也是好的工匠精神。我确实看过企业做到这一步，包括刚刚举的例子，这是对的。

余　德： 所以问题就来了，就是说我们实际上面临着一个工业 4.0，或者是我们现在提的“中国制造 2025”这么一个计划。这个计划本身面临着一个什么？就是我们说日本精工实际上已经面临了一个我们叫作断崖式的下跌，那中国要跨越这个时代还是说我们把这样的一些精工的项目从头再来一遍，再来以工匠精神把它做出来？

三宅顺也： 是的，确实是。日本的传统技术都是由年长的设计师掌握的，年轻人对这些传统的技术不是不感兴趣，而是技术的要求太过严格和精细，很少有年轻的设计师能胜任，这就是日本技术的现状。如果年轻人能掌握日本的传统技术并活用在自己设计中，那么日本的传统技术就还可以延续。

王牧笛： 我们问问罗密欧，罗密欧作为意大利人，意大利、法国对于品牌、对于设计、对于时尚、对于奢侈品一直是掌握着话语权的，但现在我们知道有的中国人“哈日”，您怎么看这件事情？

罗密欧： 其实我们特别喜欢日本的设计风格，其实我觉得他们跟我们是有很多的共同点。第一个是时间的问题，因为他们有上百年、两三百年的品牌。站在时间的肩膀上，那当然是时间的优势。第二个是地方的优势，我认为有一些日本的产品是逼出来的，因为有这个需求，所以你要为了这个产品，为了这个人需要的东西而设计。但有一个点，我觉得是最重要的，就是他们的团队里面有很多来自全世界的设计师。碰撞是最重要的，是设计的灵魂。

王牧笛： 其实我们本身也是一个多方的碰撞，我们也希望看到欧洲和欧洲人的一个态度，那本章我们是在向工匠精神和向工业设计致敬。任正非曾经推荐过一篇文章，叫《日本工匠精神：一生专注做一事》。这篇文章供所有的华为人学习。我们确实要向工匠精神致敬，工匠精神重点在于精神。现在很多人说，那是不是鼓励我们去做工匠，去做手艺人？还不是，它是一种工匠精神，专注的精神。此外教授提了一个非常有意思的点，就是工业设计非常重要，工匠精神也非常重要，但要适度。我们要向适宜的、合适的、有边界的工业设计，或者叫作适中的工业设计致敬，这也是我们应有的一个姿态。

第五章
“工匠精神”新解

山西华翔集团这家企业的匠人们不是传统意义的工程师、手工艺者或者是打磨那些零件的人，他们年收入高达几百万元，这是怎么做到的？在当下的这个语境我们又该如何理解大国的工匠精神呢？

迪一声

在江湖上打拼了这么多年，我深知一个道理，就是讲故事的能力特别重要。讲故事有多重要呢？它要么可以哄小孩入睡，要么可以哄投资人入局。

所以接下来呢，我要讲几个故事，看看你们是入睡还是入局。我讲的几个故事都跟中华民族的优良品质、精神特质相关。第一个故事叫作愚公移山，中国古代有一个叫愚公的人，他家门口有座大山，特别高，特别大，挡住了他出行。于是他决定挖山不止，要把山移开，其实我们现代人是特别理解愚公的心情和处境的。但你可能会问了，那为什么要挖山，为什么不搬家呢？明明可以搬家，愚公偏选择了挖山，这说明古代的房价也是相当的贵。愚公也很知道这是一件不可能完成的事情，但是他明知不可为而为之，是因为他说了“我挖不完我的子孙可以挖，我的子孙挖不完我的子孙还有子孙”，叫“子子孙孙无穷匮矣”。这说明愚公是个特别乐观的人，他坚信自己的孩子不会是一个单身狗，一定可以讨得了老婆，生得了孩子。所以这个故事告诉我们中华民族的一个精神特质叫作坚持不懈，敢于跟环境做斗争。说到坚持不懈的话，我想起来了一个故事，叫作精卫填海。精卫为了报仇，想把海填平了。太可惜了，她不认识愚公，如果早认识的话他们两个可以达成一下战略合作，愚公挖的山往海里去一填这不好了吗？一举两得。这个故事告诉我们资源和信息的共享是有多么的重要。

那第三个故事同样可以表达我们的精神气质。这个民族的优良品质叫作神农尝百草。神农氏为了拯救生病的百姓，哀民生之多艰，尝了很多的中草药，遍尝百草，最多一次一天吃了 70 种剧毒的东西。那神农是谁？你们知道吗？炎帝，是精卫的父亲。后世又有一个人叫李时珍，这个人很有名，他也像神农一样尝百草。所以你注意了吗？古代学医的特别容易出吃货，像我这种食量的要是生活在古代，我一定是名神医。你们知道神农是怎么去世的吗？坊间传中毒而死，野史说“他是吃断肠草而死的”。那神农的故事告诉我们或者预示着我们中华民族的一个优良的品质叫作敢于自我牺牲，勇于探索。神农太伟大了，为了老百姓而献出自己的生命这叫作大爱的精神。

这些故事都说明我们这个民族，我们这片土地上，自古以来是有一些优秀的品质，有一些精神特质的。走到今天，如果说我们这个民族我们身边的小伙伴有一些闪光的精神点，各位觉得应该是什么？我觉得有两点：第一点就是我们天天说的创新，叫“大众创业，万众创新”。创新应该构成当下这个时代语境我们所具有的精神特质。还有一个是什么？就是匠人精神，或者叫作工匠精神。我们现在在迅猛地奔向“中国制造2025”，在奔向工业4.0，奔向这样的一个时代。那奔向这样的时代，我一直认为这两种精神是奔向工业4.0的两条腿，缺失任何一条腿那都不叫工业4.0。所以一手是创新，一手是工匠精神。山西的一家企业，这家企业的匠人们年收入高达几百万元。这个企业的匠人们不是传统意义的工程师、手工艺者或者是打磨零件的人，他们年收入高达几百万元，这是怎么做到的？我们有请著名经济学家“郎旋风”郎咸平先生。

郎来了

一、日德两国最讲工匠精神

李克强总理参观山西华翔集团盛赞它的工匠精神。1995 年之前我们冰箱、空调的压缩机都必须全部进口，现在这家企业控制着全世界 23% 的压缩机的份额。怎么做到的？工匠精神。

什么叫工匠精神？举个例子，每个人都会做饭，家里都有电饭煲，所以做饭是一件非常简单的事情。你绝对不会说，把饭做好了也是一种工匠精神，就能够发大财。实际例子，1963 年一个叫作村嶋孟的人在大阪开了一家毫不起眼的小餐厅叫作“银饭屋下户亭”。菜式一般，但是大排长龙，为什么？就要吃他做的饭！他一天只卖 500 碗。他怎么做这个饭？他用井水来洗米，要洗 40 分钟。一直要洗到井水变得非常干净为止，这个工序才算完成，然后拿来蒸 22 分钟，而且每 30 秒要转一次盖子，最后 20 分钟再用小火蒸一次。一天只卖 500 碗，所以日本人对他做的饭趋之若鹜，就来吃他做的饭。所以给他一个称号叫作“煮饭仙人”村嶋孟，这就是工匠精神。这个工匠精神可以数代传承下去，就变成 200 年的企业。

这个讲起来有点好笑，做饭嘛，我们讲一个更复杂的。螺丝，号称制造“永不松动螺母”的日本哈德洛克，只有 45 名员工，它生产的螺母是全世界不可仿制的，甚至在它们的官网上面也向各位介绍它如何做螺母。可是就是它能做，别人做不了，请看：

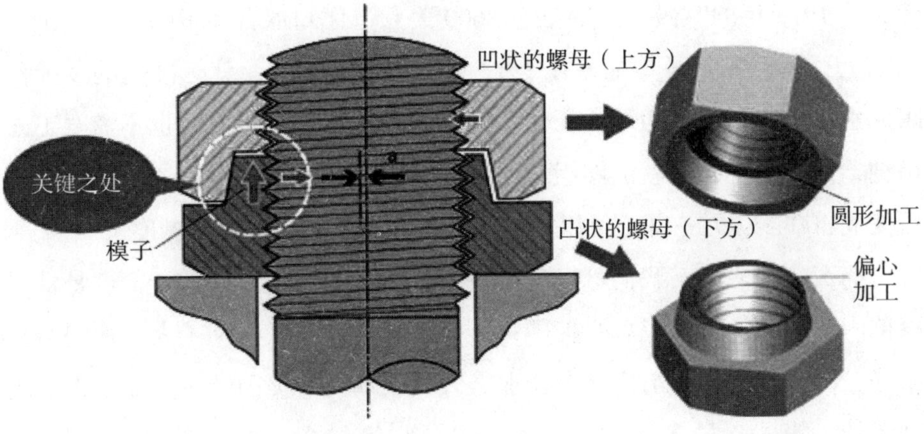

图片右边一个是凹状的螺母，另一个是凸状的螺母，很简单对不对？这个是正常的，我把这两个套在一起放在这里，完全卡死了，为什么？因为这里比较厚，所以放弃右边，注重左边，完全卡死，起了一个楔子的作用。所以螺丝能非常稳固地扣在一起，不可能松脱。可是我告诉你，要做到这一步，完全卡死这一步，你晓得是一个多么高精密的工程吗？不能有丝毫的差别，要跟中间这个螺丝卡得紧紧的。那是你不可想象的工匠精神，不但要求高精密的技术，还要什么，还要凭经验，这个你学不会的，它需要几十年的功力的。所以哈德洛克只有45名员工，它的螺母的价格是市场其他同类产品的5倍。

以德国为例，全世界有3000多个隐形冠军企业，德国就占了接近一半，日本和德国这两个国家怎么成功的？工匠精神。

二、美国人最不讲工匠精神讲什么

但是日本人的工匠精神也好，德国人的工匠精神也好，我告诉你都不是美国人的对手，美国人最不讲工匠精神，他最讲两个方面：

第一，绝对不可想象的创新。美国人投入的研发资金占了全世界30%，全世界百强大学美国占了一半。

第二，美国的管理制度。比如说德国人发明的汽车，美国人生产，为什么？1913年的时候，一辆汽车8600美元，你知道有多贵吗？相当于今天的上百万美元。可是福特在1913年发明了流水线，就标准化的零配件跟流水线生产。流水组装，任何一个工人，他不必是工匠，也不需要工匠精神，他只要是个人就能够组装。这么贵的一辆汽车，经过流水线生产之后变成300多美元一部，可以大量生产，这就是美国的管理制度。

那么除此之外，我们可以学的还有什么？美国的激励措施，这是日本跟德国没有的，什么意思？美国每年投入350亿美元激励工人，你们给我做好，解决问题，我给你奖金。那么怎么激励呢？美国针对产业工人的激励手段，第一，最多的21%是收益分红；第二个16%计件工资；第三，超时工作奖励计划。

三、山西华翔给中国创了一个新的工匠精神

山西华翔怎么成功的？我这里做个总结：它是用着日本的工匠精神，加上美国的激励手段，仅此而已。捆绑在一起控制着全世界23%的压缩机零配件供应。它的合作公司都是大型公司，丰田等世界大型制造企业都是它的客户，值得我们做深入探讨。我下面还要特别把丰田的工匠精神介绍一下。六大步：我一旦要讲给你听，你会觉得这是多么无聊多么没有用的东西。

第一步有八个技能训练。第一，拧紧作业；第二，线束端子结合作业；第三，粘贴作业；第四，管插入作业；第五，嵌入作业；第六，展翼螺母的紧固作业；第七，树脂螺母安装作业；第八，胶堵安装作业。

接着第二步，如何使用冲击扳手，包括如何换电池，根据磨损程度判断什么时候应该换钻头，等等。

第三步，如何使用手动扳手，学完都老了。

第四步，模拟工厂环境下的作业。

第五步，要背几百页的安全事项。

第六步，你看做什么部门，还有其他技能学习，类似前面讲的再来一

遍，就是六大步骤。

训练丰田的员工，这么一训练下来就是几年的时间。我为什么跟大家讲这么无聊的东西？因为这就是工匠精神的基础。

你想做好制造业吗？想，你就得干这个。华翔干了没有啊？我告诉大家它真干了。另外呢，学习美国的激励机制：收益分配。请注意，这家工厂都是私人定制，比如说你需要什么零配件，把参数告诉我，我们来做。很快解出来的给奖励，收益分红。所以员工们非常有积极性，300万元年薪，蓝领工人的收入应该超过白领，这才对。华翔的模式给中国创了一个新的工匠精神。这种精神起来之后呢，可以将中国制造业发扬光大。只有制造业好了，中国才有希望。

三见客
——人工智能时代的工匠精神意义何在

（本期嘉宾：

闫肖锋：中国新闻周刊学术召集人，专栏作家，资深传媒人，趋势营销家；

陈　明：国家工信部品牌培育专家组核心成员，华南理工大学工商管理学院教授；

秦　彧：中山大学青年学者，资深媒体人）

王牧笛：很多人问乔布斯跟库克到底有什么区别？我个人的一个观感是库克可能更多地是作为一个职业经理人，或者作为管理者、企业家，但是乔布斯更多的是我们今天所谓的匠人。他是个大师级的巨匠，日本词叫“巨匠”，他信仰这种极简的哲学。他说，他觉得苹果当时 3 代和 4 代美得他恨不得舔一口。所以我就理解了什么叫工匠精神。它并不是说我们传统的手艺人打磨一件产品，而是说一种精神特质，一种状态，要把一个产品和服务做到极致，这可能就叫工匠精神。

郎咸平：而且他所有爱都体现在上面，对他的产品和他的服务，他是爱他的产品的。

王牧笛：对，关于这个话题我们要请来我们的老朋友，也是对工匠精神一直著书立说很有研究的闫肖锋老师。肖锋兄，咱们不妨就从山西华翔集团说起。前文郎教授已经披露了华翔集团的匠人们年薪最高大概是 300 万元，百万年薪的比比皆是，那面对我们现在的大学生毕业几千块钱都有点费劲这种情况，您作何感想？

闫肖锋：我记得中央电视台以前做过一个节目《大国工匠》，后来又有一部片子叫《我在故宫修文物》，在大学生里面很受欢迎。实际上大家之所以关注，是说现在还真有人这样兢兢业业地把一件事情尽善尽美地做好。真有这样的人吗？真有这样的人，但是很少。所以我要引出我的一个观点，就是叫工匠是要靠养的，就是你除了有这个精神奖励以外，还要有物质奖励。而且大家都知道，过去我们的大户人家才能够养工匠，一养就是十几年。现在明清家具为什么这么值钱，都那么稀有，是因为那个时候是大户人家养的工匠，他一年，甚至几年才做一件。现在我们是批量生产，一天就做一件。那当然价值就是不一样的。我去过云南，云南有一个地方它非常有名的，当地必去的一个叫作隔扇门，就在云南通海。这个隔扇门就是由当地的大户人家和他们整个村来养一个工匠，养了 13 年，才把这个 6 扇隔扇门雕出来。基本上把中国传统的这些故事，全都雕在了这 6 扇门上。它一共有 6 层，13 年总共雕 6 扇门。一开始是称他雕下来的这些木块、说一块木块多少斤就给他多少银子。到最后，因为越雕越细，它一共有 6 层，最后是按照他雕下来的木屑，有多少两木屑就称给他多少两的金子。他是这样出来的，所以它最后就成为一个杰作了。这么多年，全村人无论是战乱还是什么，第一时间就是要保护这 6 扇隔扇门，因为这是他们这个家族或者他们这个姓氏保留下来的一个杰作。我看了以后非常震撼，我就想到了一个家族它能够有这样的一种预期，是因为它有一种荣耀感在里面。

王牧笛：对，您说这个我忽然想到广州也有一种荣耀，有一座也算文化瑰宝的院落叫陈家祠，也是一个大户人家养了工匠，这里面有很多我们说的这种杰作，也有 6 扇门，那里面也有木雕，雕的是各种传统文化故事，也有一种荣耀在里面，这是大户养工匠。

闫肖锋：引申到郎教授说到的日德模式，日本和德国之所以有这样的工匠精神，是因为它们在历史上就是有这种养工匠习惯。以前是家族养，后来变成家族企业养。为了它的家族企业基业常青，它要讲究它的品质。谁来负责这个品质？是工匠了。很多日德企业一旦在我们的中国市场发生产品问题质量的时候，它就派一个工程师过来就行了。因为他全都门儿清。

郎咸平：而且他们的职业经理人也是做一辈子的，做一辈子董事长，老板就是这个家族的人，他手下的总经理也是做一辈子。

王牧笛：一方面是长子继承制，另一方面是终身雇佣制，就是日本的这两个制度，起码保证了它们的一个传承。

闫肖锋：它的根本就是要比谁做得更长，它有一种长期的预期为整个家族的荣耀负责。那么这个工匠呢？他也是这个荣耀的一部分，所以我一开始说的工匠是要靠养的。除了要有精神的鼓励，要有物质的奖励，还要有家族制度的保障，还要有时间的维度。

王牧笛：我这里有一份东京商工调查公司近期发表的数据报告。全日本超过150年历史的企业达到了21666家，2018年又有4850家满150岁。中国最古老的企业是1538年的六必居酱菜，超过150年的中国历史老店仅仅有5家。同时有资料显示，中国企业的平均寿命是7~8年，就是说150年以上的家族企业中国可能挑不出5家来。

闫肖锋：当然也有人开玩笑说中国也有上千年的企业，连锁企业，说只有两家，哪两家呢，一个是孔家，一个是张天师家。想起以前我采访德国人的时候，德国人说："我不想造你们所谓的物美价廉的产品，价廉一定不会物美。”

郎咸平： 对，我上次也碰到一个德国人，他做西装，他说：“我完全不能理解为什么中国男人可以有十几套西装，这是多么大的资源浪费。”他还说“其实你有一两套就好了”。西装灰色的黑色的就可以了，一套冬天的，一套夏天的。把它做到极致，做到最好价格很贵，但你只需要两套。

闫肖锋： 所以中国改革开放40年了，这40年中我们企业在学什么呢？我觉得就是两种模式：一种我称之为美国模式，还有一种就是日德模式。美国模式就是做大做强，就是圈钱上市，上市完了以后圈到更多的钱，然后再扩张把对手挤垮，然后连锁，这就是美国模式。这种美国模式就是比谁更大。另外一个就是德国模式和日本模式，就是做家族企业做得更久。

我是以一个几百年的这样一个维度去考量我现在做的这个事情，我觉得最关键的还是一个预期的问题，中国制造现在要向中国质造，就是品质的“质”去升级，我们的预期是在一个历史长河中为我们的品牌建设能够建立百年的企业，甚至更长的时间。如果要是那样，去反过来看我们现在做的事，我们真的就不应该做这个所谓物美价廉的产品。因为你价廉肯定不会物美，你肯定要打价格战。

郎咸平： 我今天讲的做螺帽这样的工匠精神，做螺帽就是市场价格的5倍，这才对。

王牧笛： 但是有反例，不是说在这样的一个时代，匠人精神就无比值得推崇。举一个反例，比如说苹果那个iPod，为它打磨后盖的小林研业5个工匠拼命打磨一天最多生产1800个后盖发售出去，出货量只有30万台的iPod，到2005年翻了50多倍，变成了2000多万台，小林研业根本严重产能不足，苹果把订单收回交给了流水线上的机器。这个问题来了，在一个互联网的时代，大流水线生产的时代，甚至进入人工智能的时代，工匠精神它的意义在哪里？它会不会被消解掉？

郎咸平： 不会，因为像日本、德国以工匠精神起家的国家，碰到美国这种模式是很难匹敌的。所以到最后只能是在一些专精领域、一些隐形冠军可以做得到，但目前推动整个行业发展的，毫无疑问的不是工匠精神，而是美国这种发明创造。比如说 CPU（中央处理器）、操作系统等等都是由不同公司所掌控，但组合在一起就成了有不同功用的电脑或者手机，这也是流水线生产。以美国来讲，它整个这种管理模式的出现以及这个发明创造本身，我觉得是全新的，而且跟日本、德国完全不一样。

闫肖锋： 这个是一个原因，另外我觉得最大的挑战恐怕还是人工智能对工匠精神的侵袭。我最近去了一下宝马 7 系最新的工厂，它是用全部的人工智能，所谓工业 4.0 来做这个汽车整件的生产，但是你看它每一个喷头，每一个拧螺丝的机器人它都带有一个感应器，感应器知道松紧度。我可以根据系统储存大数据分析来达到一个最佳效果，喷漆也是一样的。这次不行了，下次有大数据运算，多喷几次以后积累了数据，以后它就能够达到喷漆的最佳效果。以前我去过保时捷，保时捷最值钱的是里面白头发的老师傅，老师傅带徒弟手工来做，现在人工智能出来了以后，有很多老师傅的经验恐怕就可以用大数据来把它算出来，这时候老师傅干什么去？毫无疑问我们今天要说到的就是对我们中国有益的，实际上是一种精神，对待做事情的一种兢兢业业的精神。所以我觉得工匠精神我们这次要重新提，其实说白了就是一句话，不能让老实人吃亏，包括不能让老实的企业吃亏。所以谁愿意去花很多的精力去雕一扇门，去刻一个螺丝？不愿意嘛，因为对方很容易用所谓的更加物美价廉的就把我挤垮了，那我当然就不愿意去做长线的投资了，这个才是最根本的。

王牧笛：《中国经济报》有一篇报道说，1984 年的时候，当时的海尔总裁去德国引进那个冰箱生产线，他就发现德国那个生产线上生产的果蔬盒，装水果蔬菜那个果蔬盒的工人特别有特点。每生产出来一个要拿起来仔细端详欣赏好久好久再放下来再生产下一个，他们对自己的产品是有那种真的热忱和爱。

闫肖锋：没错，大家经常提的所谓的青岛下水道，有一个误传就是说德国的下水道要维修的时候，我们请教原来生产下水道的这个公司，公司就回一封信说在第几个洞，第几个洞拐弯的地方，那里有一包油纸包好的什么零件，然后拿上来就可以换。那个事情被辟谣了，它是个谣言。但是你就会发现传播这个谣言是一件真实的事情，也就是说你只要有这样的一种工匠精神，人们会主动甚至给你去制造谣言来推崇你这种制造、你的品牌。我们现在中国制造不就是缺这样的口碑吗？如果我们也是这样地兢兢业业，就没必要去打广告，有人会自动去用口碑给我打广告，所以我觉得一个民族的智慧要看长远，甚至要看百年以后，而不是看眼下。

王牧笛：我们现在如此称赞德国制造，当年的德国制造，德国货进到英国，英国人也是很不屑的。说的是“Made in Germany”它是德国制造的，它是劣质品。也是经过了百年的时间，德国制造成为今天的德国制造，包括日本制造，我特别喜欢一个作家东野圭吾，很多小说里面写到的就是日本的那个匠人。他们生活的日常，包括前段时间看一本书叫《匠的时代》，日本有个《匠的时代》，它的作者叫内桥克人。他说日本现代产业的发展就是匠人们干出来的，所以说现在日本职业人的最高称谓叫巨匠。

闫肖锋：我们现在去日本看什么呢？去看“寿司之王”的寿司小野二郎，然后买这个马桶盖。还有一种，买那个铁壶，好歹就买一个壶回来，用不用再说，铸铁的。那个东西是我们明朝的时候家里面必备的，那个工艺我们失传了，日本拿去了。因为它那个铸铁，它是要用手工艺在那儿敲出来的，现在我们再花几万块钱，到日本把这个铁壶再请回来。很可惜我们这种工匠精神最后失传了，最后要到日本去找。所以现在有一种说法说中国的传统手工艺如果再不保护的话，恐怕再过二三十年以后我们统统都要到日本去把它请回来，全部要失传。

王牧笛：所以当我们今天在聊工匠精神的时候，其实是聊中国经济，中国制造的底层逻辑，它的底色。这个话题，我们请国家工信部品牌培育专家组核心成员华南理工大学工商管理学院教授陈明先生从品牌的角度，从学术领域分析，这个匠人精神在当下处于一个什么样的位置？日本、德国它们的工匠精神对我们的启发？

陈　明：我听两位老师说，我也有同感，其实工匠精神跟经济发展的速度是很有关系的。如果经济发展速度很快，人们都很浮躁，它不可能精细化。今天的中国处在一个高速发展的阶段，所以大家现在追求着大，追求着规模，所以做精细的东西，他会考量怎么去权衡这个关系的问题。我觉得对工匠精神这个理解还是有些偏差，我们不妨拿一个百度的搜索来看看工匠精神是这样解析的，是指工匠以极致的态度对自己的产品精雕细琢，精益求精，追求更完美的精神理念。其实工匠是一种精神，品牌是跟产品无关的，我觉得这个产品怎么雕琢都好，我觉得都是“自嗨”，都是炫技或者都是技术痴迷，很可能会走到这个偏差去。日本的索尼做过一个PDA（掌上电脑），居然可以做到一个 PDA（掌上电脑）要看 3 个小时的说明书才会用它。这个产品最终退出了市场，因为它不适合人们的需求。我觉得工匠精神应该怎么理解呢？它应该是对这个世界秩序还有人的生命本体的一种尊重。因为世界的秩序它是非常精细的，大自然绝不会做马虎的产品出来，人的身体也是非常精致的，所以你追求这种所谓工匠精神，这种极致化的体验。其实对生命的尊重，对自然的尊重，这是一种发自内心的信仰。它不是简单一个工艺、技术、质量所能涵盖的部分，我们在技术层面谈工匠精神是不够的，在精神层面要谈它的精神，它是一种欣赏、认可。它在这种感觉里面找到了平衡，找到了安慰，找到了生命的一个圆满，这才是我们对工匠精神的一个理解。

我要讲日本的一个小故事。因为日本人曾经在中国找了一个做铝型材料的企业，它做了一个太阳能的外框，结果那个厂非常认真把它做好了，验收的时候日方企业居然说不接收，为什么呢？因为它希望能把铝合金的外框打造成能照得见人影，那个工厂的工程师就觉得很奇怪，放在屋顶上的东西你干吗要照出人影，光照度打那么亮干什么呢？明天雨一淋，太阳一晒，什么人影，鬼影都照不出来。只要结实就好了嘛。你知道日本人怎么说吗？他说你认为放在屋顶看不到质量就可以一般般，那所有质量都是一般般了。这是一种信仰，他不是说对什么技术指标这些方面的追求，是你对这个秩序、对这个本体的东西是不是充满敬重。我觉得这才是工匠精神的一种本质内涵。如果做到这一步，任何事情我们都好理解，都好去实现它，这是我对它的理解。

王牧笛：谢谢陈教授，工匠精神是一种精神气质，是一种信仰，而不仅仅是一种炫技，在技术层面，它就是道，而不是术，不是器物层面的一个东西。那跟工匠精神对应的我们的一种精神状态就是“差不多”，差不多就行。这可能构成了工匠精神的一种反例，接下来我们邀请到的是资深媒体人、中山大学非物质文化遗产中心的秦彧老师。

秦　彧：中国的文化渊源很长，在我们这么漫长的历史当中，其实中国传统的手工艺当中的精品特别多，我们其实一直不乏工匠精神。所以大家在今天会在博物馆里看到那么多让人叹为观止、巧夺天工的东西。刚才闫老师也举了例子，我们的木雕，我们的石雕，我们的刺绣等等。但是我想说我们除了可以在有形的有产品的这个东西当中体现出工匠精神，其实我们在很多无形物的创造当中也是有工匠精神。

比如说我们的戏曲，裴艳玲是女武生，梨园界有个行话，就是说男扮女梅兰芳，女扮男裴艳玲，是我们非常著名的武生泰斗，大师一级的表演艺术家。那么裴艳玲先生，她是5岁开始学戏，武生是非常不容易的，因为你要天天有很多很繁杂的功夫。她5岁开始练那个小翻，就是翻跟头从舞台这头翻到那头，这一个小跟头，5岁的小姑娘她是一组100个这样练。练到什么程度，练到这手指甲盖从手指头上飞出去，你说苦不苦。咱们都说台下十年功，这种练到什么时候是个头儿？没有头儿，就是拳不离手，曲不离口。对于戏曲演员来讲，这八个字就是“无期徒刑”，你一天的功都不能落下。那么这样的艺术家，就是说这样的精神。她奉献在舞台上的，它才是我们经久不衰的艺术。所以工匠精神也体现在哪儿？也体现在这种无形的坚持上面。所以我们现在说技艺，很大程度上讲，没有技术就不要谈艺术，至少在我们的传统文化上面是这样体现的。你只有拥有了千锤百炼的技术，才能够再谈发展创新的艺术。所以在这个意义上，我们今天讲培养工匠精神。在另一个角度上讲，就是我们作为社会我们要认可这种价值。你愿意为这种有形产品也好，无形产品也好，它当中凝含的那些艰巨的艺术价值、文化价值，你愿意为它付出，让他们有所回报。只有这种两相照应，我想这种工匠精神才能传承下去，这个是我的想法。

王牧笛：秦彧讲到了梨园，说到梨园我不禁想起了我曾经采访过六小龄童，六小龄童先生有句名言，他说叫“苦练七十二变才能笑对八十一难”，所以我特别理解后来他在互联网上，对于后来出现的各种猴子、各种影视剧作品的猴子表达了自己的愤怒。

可能很多现代人不理解、“90后”不理解，说你那是猴儿，我们看的也是猴儿，他说我那是猴儿，我那是苦练七十二变练出来的猴儿。而我们今天的小朋友面对着“左手右手一个慢动作”，面对这样的一个时代，确实出现了一个时代的断层和一个话语的断裂。那这个话题我们同样请出我们的媒体人，也是新浪广东财经及微博事业部的总监刘青松先生，我不知道从您的角度如何观察这样的一种精神。

刘青松：这个工匠精神应该说，在我们中国这么长远的一个历史里面其实已经在融入我们血液了。就我们以前讲到的一些手工艺人，他们就是工匠精神的传承，一种后来我就想工匠精神，其实它会有几个维度的体现：比如说第一个，我们会考虑到精益求精这个点，因为工匠精神肯定要考虑你把产品做得更加的精美。

第二个呢，它会有一个传承和坚守的概念，要耐得住寂寞，能够把这些老师傅的一些技艺传承下来。

最后一个可能就是创新，在原有的基础上做一些新的创新，所以说我理解的工匠精神它会有这三个维度的一个组合。刚刚其实各位教授讲过一些日、德的经验，美国的经验，但其实我会觉得这些可能还是在一个术的方面，当然我们可以上升一个更高的层次，道的层面。其实刚刚陈教授也讲过，精神层面的一些东西我觉得就是工匠精神可能应该是需要我们每个人去考虑这样一个问题：我把每一件事情、每一个细小的事情做到极致，尽量比以前做得更好。每一个行业、每一个环节都做得更好，可能对你的下一个环节或者说你的成果，都会有更好的一个助推作用。我们在互联网上可能看到一些负面的或者一些正能量的东西，但其实如果我们每个人在处理一些信息上面能够有一点点的坚守，或者说有一点点的坚持，然后把这个信息做得更加的正能量一点，可能对于整个社会其实是一个非常大的帮助。我们在新浪微博上面，有很多这样比较爆点的事件，就像前两年比较火的《舌尖上的中国》这种美食节目吧。其实以往很多年也拍了很多这种节目，但中央电视台那个团队出来之后，他们把这个节目拍得非常的极致，引起了很多人的这种情感以及文化上的一些共鸣。因为陈晓卿本人就是个“吃货”，同时也是个匠人精神的存在。除此之外，我们也观察到就像这个曾经比较火的一个现象，就是电商类的一个现象——褚橙，可能大家都知道，褚时健这么大年纪还能够坚守他的一个坚持，他上山去种这个橙子。我觉得这个是非常难得的。所有的这些其实可能它不是一个非常工业化的非常精密的特别大的事情，但是它体现在我们每个人的身边，在我们每个人身边都会发现这些细微的工匠精神的体现。

王牧笛：青松的言论其实告诉我们一件事，就是工匠精神这件事情并未曾远去，还在我们心底。那说到这个工匠精神，其实意大利人会比我们更有发言权，因为我们知道在当下不管是皮具类的奢侈品类的男装、服装，意大利都有非常多的经典的品牌。请罗密欧跟我们分享一下。

罗密欧：我作为一个外国人，可能外国朋友会更加注重，中国本身以前有的工匠精神的体现，比如说我之前非常地荣幸去了汝州，采访一个老爷爷，他花了 40 年的时间才能恢复汝窑。就是宋代的时候，皇帝用的只有他能用的瓷器很特别，它的颜色是一种靛色，这种工艺失传了，然而他用了 40 年的时间才找回来配方。才能现在重新烤这样的一种瓷器，我觉得这个人，80 多岁的一个人，他的态度就在这里。他一直坚持做一件事情，跟现代的年轻的中国人是有很大的冲突。因为现在时代变了，都是要快赚钱，我要快变得富，等等。但是工匠精神它需要的就是时间，你要培养一个大师，你需要时间的，没有这个时间，没有一点耐心的话，你永远是做不了的。所以我希望年轻的中国朋友，只要你找到了一条适合自己的路，那你不要轻易地放弃。其实中国人本身骨子里是有这个精神，但是可能不知道去哪儿了，那要把它找回来，需要一定的时间。

第六章

中国的品牌将何去何从

“新飞广告做得好，不如新飞冰箱好”，这个广告厉害，当年新飞冰箱一度是中国冰箱的“四朵金花”之一。但是前两天的消息，申请破产，我们的品牌出现了什么问题？

迪一声

今天我们所处的是一个资讯爆炸、信息爆炸的时代，现代人每天获取的信息量是古代人一年的所见所闻。所以每天早上各位起床刷个微信朋友圈，就相当于古代的皇上早朝，你给你微信朋友圈发的东西点了个赞，就相当于雍正帝回了一句“朕知道了”，有没有四爷的感觉了？所以在一个信息爆炸的时代，差异化、个性化非常重要。别的人也有资讯，你也有资讯，但你怎么能够脱颖而出，怎么能被人记住？尤其是码字的，说话的，做品牌的，打广告的，要让人记住。

我跟各位分享一下在一个信息爆炸的时代，如何让人记住你。

第一点就是重复，之前有一部电影非常火，叫《夏洛特烦恼》，里面那个女主角叫马什么梅？什么冬梅？马冬什么？十几亿元票房就是这么来的。不断地重复，就自然的产生了力量。戈培尔效应告诉我们，谎话说了1000遍也就变成了真理，我以前不相信这句话，后来我听了1000遍以后，我觉得他说得蛮对的。我现在终于明白了为什么女人们都喜欢把每一件事情翻来覆去地说，不是因为她们唠叨，因为她们懂得重复的力量，想想那就是很可怕的事情。这是第一个，重复非常重要。

第二个很厉害的让人记住你的法宝，叫作内容要短。内容越短越有力量，比如说一代天骄成吉思汗，当年成吉思汗打仗，邻国派个使者来下通牒，成吉思汗一听，回了六个字：“你要战便作战”，然后就把对方给团灭了。在移动互联时代，在一个社交媒体的时代，我们每天要面对各种人，各种邀约，还有借钱的，所以你要拒绝别人，拒绝别人同样也要短。你长篇大论讲了各种理由，告诉他你不能借给他钱没有用，你只需要回两个字“呵呵”。

第三点也同样非常重要，要想让人记住你，就要画重点，不光要短，要重复，还要画重点。画重点可以让你精神抖擞，为什么？小的时候上课，在课堂上老师画重点一般都会敲黑板，然后画重点。画重点可以在一个资讯非常纷繁复杂的时代把那些重要的东西显露出来，让别人记住你。比如说电影要画重点，电影怎么画重点？用慢动作，比如你看一部电影忽然节奏放慢了，那说明这个导演想让你着重关注这个地方。你看片尾字幕的时候，从来就没有画过重点也从来没有放过慢动作。但有一个是漫威在片尾的时候加了慢动作，加了所谓的“彩蛋”，所以大家一看漫威的电影都会等待这个彩蛋的过程。同样道理，说话也要画重点，你说了一堆话怎么画重点？教大家一个小的窍门，就是停顿，停顿就意味着接下来要发生重要的事情。比如说你去医院看病，做了各项检查，X 光、核磁共振做完了之后，你问医生结果？医生半天不说话，停顿了，这个时候你就知道有大事要发生。有一次又约了一个女生吃饭，我比她早到，她跟我说“你等着”。第二次我比她晚到她跟我说：“你，等着。”停顿、有力量了。但是有一事我就不理解，有个老的品牌，可能很多 80 后印象深刻，在我们童年记忆当中挥之不去，就是“新飞广告做得好，不如新飞冰箱好”。这个广告好厉害，当年新飞冰箱一度是中国冰箱的“四朵金花”之一。但是前两天的消息，申请破产，我们的品牌出现了什么问题？有请著名经济学家“郎旋风”郎咸平先生。

郎来了

一、美国品牌今天依然强大

我们《财经郎眼》就特别想谈谈我们中国的品牌，大家一想到品牌，就想到历史悠久、持续千年。好，看看美国是不是这种情况，这个很有意思。

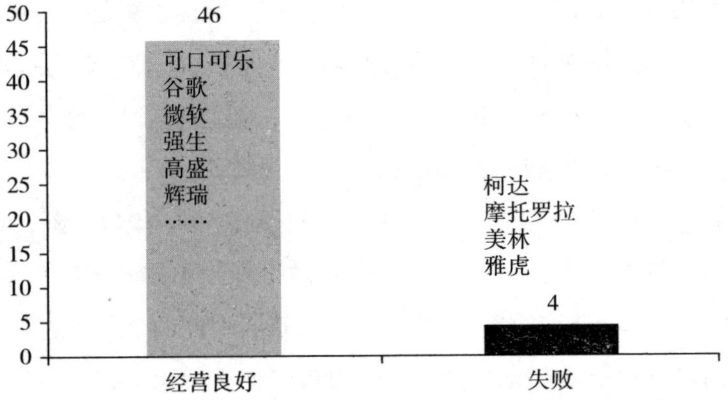

2006 年美国品牌 50 强至今

美国《商业周刊》在 2006 年所评选出来美国 50 个著名品牌，那么到了今天是什么情况？50 个著名品牌到今天为止，只有 4 家出了问题，包括柯达、摩托罗拉、美林、雅虎；剩下 46 家，包括可口可乐、谷歌、微软、强生、高盛、辉瑞等等都是经营情况良好的。换句话讲，有 90% 的品牌依然强大。

那么这些依然强大、经营良好的品牌是什么样的一个行业分布？

看看下面这幅图，最让我感到意外的是什么？制造业，17 个，包括通用、福特、耐克、辉瑞跟强生等等。这也是为什么奥巴马也好，特朗普

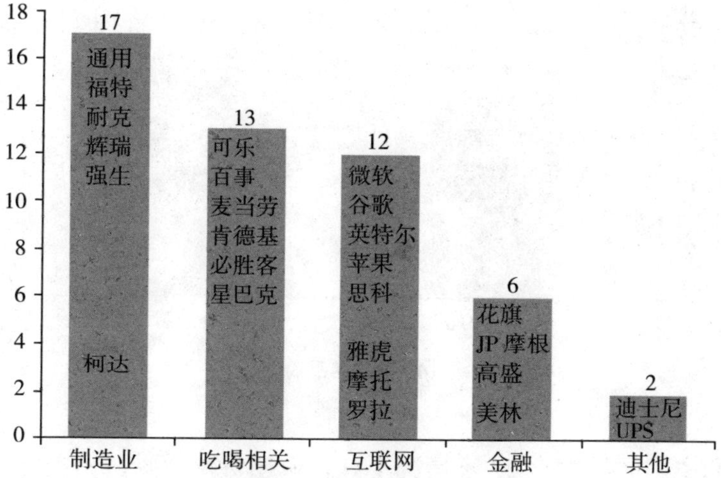

2006 年美国品牌 50 强

也好，一旦当选总统之后他们发展的一定是制造业，因为只有制造业才能够真正创造财富，才是强国的根本。那么第二类，13 个，是什么？吃喝玩乐。包括可口可乐、麦当劳、肯德基等等。第三个就是最时髦的互联网，包括微软、谷歌、英特尔等等。之后呢，金融。什么花旗、JP 摩根、高盛，最后其他的，包括什么迪士尼跟 UPS。这个品牌 50 强特别有意思，你发现制造业是最重要的。

二、中国品牌出了什么问题

那么看到这个数据之后，我就特别想知道我们能不能找一个匹配的数据来看看中国品牌现在什么现状？我还找到了呢，那就是 2005 年，就是早些年，我们央视做了个《品牌中国》的节目里面挑了 40 家消费者最喜欢的品牌，和它也差不多。那什么情况？

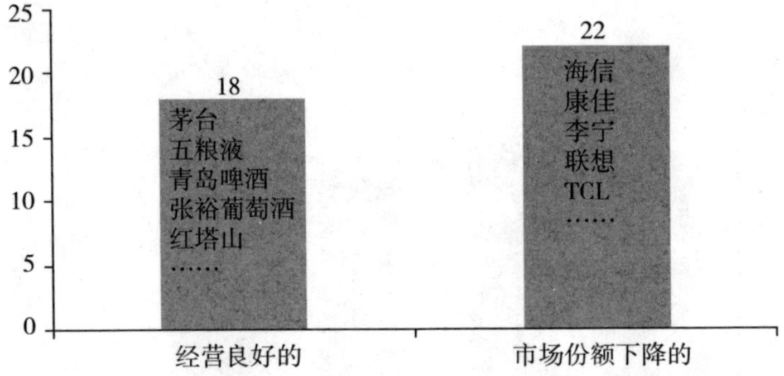

40 家知名品牌

我们中国的品牌有 22 家情况不好，市场份额下降，像美国一样经营良好的只有 18 家。包括茅台、五粮液、青岛啤酒、红塔山等等。

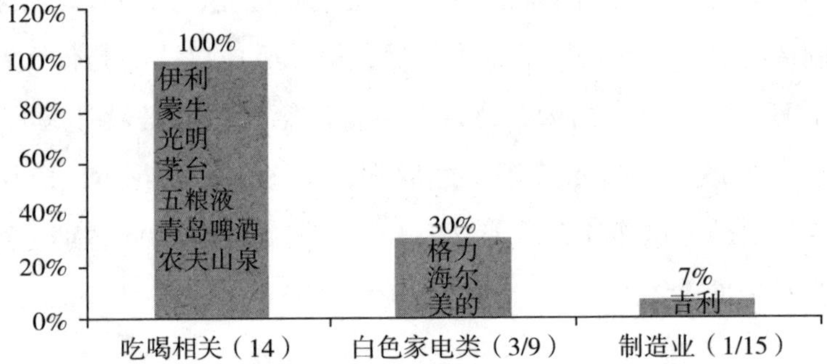

成功品牌

那我想把这个像美国一样做个分类，看看我们的品牌都是哪几个行业？这个特别有意思，最成功的品牌就是吃喝玩乐，有 14 个，而且每一个都做得很好，所以它的成功率是 100%。包括伊利、蒙牛、光明、茅台、五粮液、青岛啤酒、农夫山泉等等都很好。那么第二类呢？白色家电，9 个里面只有格力、海尔和美的还是不错的，成功的品牌大概占 30%。最差的是什么？制造业。15 个制造业里面只有一家还可以叫吉利，其他业绩都是差强人意，甚至大幅下滑。

《财经郎眼》这么多年来一直强调的观点，制造业是最重要的。我们就寻找一些大数据，中国的品牌出了什么问题，我归纳为三个，请看下面这个表格：

时间	收购方	被收购本土品牌	结果
1990 年	美国庄臣	美加净（中国第一护肤品牌，护肤品 20% 市场占有率）	雪藏
1994 年	德国汉高	孩儿面	雪藏
1996 年	德国美洁	活力 28（浓缩洗衣粉市场占有率 80%）	雪藏（推广“巧手”）
1999 年	宝洁	熊猫（市场占有率极高，南有白猫、北有熊猫）	雪藏（推广自己的汰渍和碧浪）
2000 年	法国达能	乐百氏	经营不善
2003 年	欧莱雅	小护士（市场份额全国第三）	雪藏
2005 年	高露洁	三笑	雪藏
2007 年	德国拜尔斯多尔夫	丝宝（中国最大的洗发水企业）	风影、顺爽退市 舒蕾、美涛被雪藏
2008 年	强生	大宝（连续 8 年全国产销量第一）	边缘化处理
2011 年	法国科蒂	丁家宜（防晒市场占有率第一，男士化妆品市场占有率第二）	雪藏

这个表格当然很复杂，我们这些企业家很有意思，都有做大做强上市的这种病态心理。一旦有点小名气之后，就想怎么做大，就想上市。那怎么做大呢？干脆找外资合资或者找风投。我一直批评他们，你千万不要这么做大，为什么？要一步一个脚印慢慢来，你不要急，是百年老店，而不是一两年就能成功的。结果怎么样，你根本不重视自己的品牌，不晓得花时间去积累自己的品牌，盲目做大。结果大量被外资收购。我就以这张图表为例，被外企收购的中国品牌现在是什么情况？在我们这个数据里面，90% 被雪藏了。包括你们所熟悉的小护士、大宝、熊猫，都被雪藏，我不说你看不到这个产品，基本上外资以他们的产品为主导，还有 10% 呢，基本上被边缘化。我们根本不重视自己的品牌，我们根本不了解品牌建设是

需要长年积累的。没有可能说是拿了一笔钱，我做大做强，胡说八道。这是我讲的第一个问题，不重视品牌。

第二个问题，你还不会经营品牌。我们用数据说话，中国在 1949 年有 16000 家中华老字号，一直到了 1996 年，经历过公私合营，改革开放。大风大浪经过之后呢？16000 家里面只剩下 1600 家了，十分之一了，消失了 90%。那么继续再走，到了 2006 年，经商务部所评定的中华老字号 16000 家里面，只剩下 434 家了。那么到了 2011 年，我们为了提振我们国产品牌，所以重新再评估。到了 2017 年我们评估出来多少？1128 家品牌老字号，听起来很多对不对？《财经郎眼》最喜欢用数据说话，我们做过调研，看看这被新评定的？1128 家品牌里面什么情况？有 70% 是僵尸品牌。可以盈利的还不至于倒闭的有 20%，能够称得上经营良好的只有 10%。包括什么？同仁堂、云南白药、全聚德。很多都是跟食品有关的，这就是我们的品牌吗？

第三个什么问题呢？我们的品牌里面没有好的盈利模式。举个例子，剪刀，王麻子都听过吧，王麻子是 1651 年成立的，这是清朝顺治皇帝的时候，当时家里都自己裁剪衣服，所以剪刀非常重要。到了今天，我们都买衣服对不对，都电动裁剪，哪还需要剪刀？不需要了嘛，剪刀没什么用，剪指甲也不用剪刀，都用剪指甲刀是不是，所以它这种衰败是必然的，你就从来没有一个好的盈利模式。另外一家成立于 1628 年，它也是做剪刀的，它现在不但做剪刀，还做各种刀具。比如说美容的，剪刀之外的，还有各种各样的剪指甲刀。就非常多元化，但是都不离开刀刃，所以这看得出来，你不是不行，而是我们这些品牌就从来没有与时俱进过，没有想到贴近消费者，没有想到和消费者互动。时代一转变，轰然垮台。

三、我们的品牌应该怎么做

那最后你可能还要问我，郎教授，我们的品牌应该怎么做呢？我提出三个必要条件：第一个，研发提升品质。第二个，营销产生共鸣。这很重要，共鸣是非常重要的。第三个，有可行的盈利模式。所以这三点我想送给我们品牌行业。这三点最重要的忠告，只有这么做才能够让我们的品牌真正建立起来。我希望华为，甚至我们过去批评过的小米等，还有电动车，我都希望我们的制造业产生一批真正的中国品牌，将来我们的经济才有希望。

三见客
——品牌的自信从品牌的温度中来

（本期嘉宾：

李光斗：中央电视台品牌顾问、著名品牌战略专家；

陈　明：国家工信部品牌培育专家组核心成员，华南理工大学工商管理学院教授；

张　崟：广东省智能创新协会副会长；

叶　静：《21世纪经济报道》记者）

王牧笛：其实品牌这个事儿，学问蛮大的。早在春秋时期，就有“物勒工名，以考其诚”的记载。就是说一个产品，上面要刻上工匠或者工厂的名字，可以追溯质量或者区分于其他产品。而且关于品牌最著名的一句话，其实我认为是可口可乐创始人说的：即使我的企业一夜之间烧光，只要我的牌子还在，我可口可乐可以马上恢复生产。这是关于品牌非常有名的一句话，也是一种品牌自信。所以聊品牌，我们今天请来一位重量级的嘉宾李光斗先生。我们是从新飞冰箱的垮掉这件事情说起，它倒不是破产，它是叫申请停产重整这个概念。我是80后，我小的时候对品牌的所有理解全部来自于电视，那个时候我记得有两个著名的品牌，一个叫“燕舞，燕舞，一曲歌来一片情”。还有一个就是“新飞广告做得好，不如新飞冰箱好”。这俩现在都没声了，20年的时间都没有了。

李光斗：看燕舞的人都去跳广场舞了，但燕舞电器没了，那用新飞的人呢，新飞的电器呢？新飞它的标志也是个鹰，鹰重生了，但是新飞电器沦落至破产的边缘。

王牧笛：从您的角度讲为什么这些老的品牌到了今天，20 年过去了，到了这步田地，当年新飞冰箱是国礼，1992 年当时被领导人作为国礼送出去的。

李光斗：而且它也是一个国际化的品牌，当时它为很多的国家可以做 OEM（代工）。

王牧笛：1996 年的时候，新飞冰箱在中国的冰箱占有率为 20%，当时董明珠还不知道在哪儿，格力还没开始做冰箱，怎么今天成了这个样子，您给分析分析。

李光斗：我觉得郎教授有个研究非常好，他对比了中美的品牌，我们知道中国现在是第二大经济体，但是我们有一个短板，我最近著的一本书叫《大国寡品》，什么意思呢？就是中国虽然已经成为世界第二大经济体，但是我们的品牌地位和我们是不相称的。

王牧笛：补一个数据，2016年世界品牌实验室发布的世界品牌500强，中国品牌仅仅占了 36 席。

李光斗：那我再给你一个更权威的数据，在 Interbrand 全球 100 大品牌中美国占了 51 个，中国呢，中国只有 1 个够得上，就是华为，为什么？因为它的国际营收是 51%，国内营收是 49%，剩下榜上无名。最重要的是在这 100 大品牌中，前 10 名都是美国品牌，这就是说我们中国的品牌地位，和我们的经济地位非常不相称，其实是代表着我们一代的老的品牌没有焕发青春，如果说老品牌持续地不能更新，那么我们经济的复兴会遇到非常大的一个障碍。

郎咸平：发现没有，这几年来我们消失的品牌大多数都跟制造业有关，包括新飞。这个就让我感到非常担忧，如果一个国家没有一个强大的制造业做基础，我们的经济怎么可能腾飞？

李光斗：这些倒掉的品牌有两个特点：一个是它的品牌故事很老化，打动不了年轻人，没有共鸣。你还讲你的那种过去的故事，一张旧船票登不上今天的客船。还有一个，你的产品本身老化，就是郎教授前面说的，你卖剪刀，一直是那一把剪刀，就是卖剪刀，那怎么行？别人已经完全是现代生活化了，已经成为一种生活方式了。所以我觉得中国制造的两个出路：第一个出路是什么？要真的坚持做百年品牌，像美国那样。比方说美国 100 年的经济，但两家企业没有倒，一个是爱迪生的通用电气公司，它还在，它后来做太阳能，发明了电灯之后，它一直在不断地更新；还有一个是什么呢？通用汽车，它也不断地在迭代。

中国制造，我们以小米为例，也在找“互联网 +”。比方说我们看小米未来可期待在哪里？说它做空调，虽然它没有什么起色，但是我相信年轻人，如果做一个社交属性的空调，这个空调在家里我都知道家里的温度是多少，甚至我回到社区之后有多少人用我的这个空调，我的环境这就变成一个互联网的叫网器。我不做电器了，叫网器，甚至叫智能电器。我买了一个音箱，这个音箱，它会有感情，就像养的一只小狗一样，我用了两三年之后，它知道我的喜欢、爱好，甚至知道我的情绪。还有一个是什么呢？就是我们说的，我们叫百年之后要“互联网 +”。我相信小米如果要超过格力，它不仅在空调上会发力，还会在冰箱上发力。

王牧笛：所以这么一路讲下来，关于品牌好像不是传统对品牌的理解，你要有历史，要有传承，要有故事。当然都有故事，但是这个故事怎么讲？故事的讲法很重要。

李光斗：还有一个理论害了中国，就是所谓的定位。说新飞是什么，新飞就是冰箱。我们看了那个广告，那个广告语虽然说一定不是像你说的，重复得越多的广告就是好广告，因为它当时那个广告我特意去研究了一下，广告公司做了很多的广告，到老板那儿通不过，最后敬酒的时候这个广告公司的人说我广告创意再做得好也不如你的冰箱好。老板一听，说就是它了，所以广告语叫“新飞广告做得好，不如新飞冰箱好”这种洗脑式的。

郎咸平：我们整个消费品市场，或者是制造业来讲的话，大家要记住你所面临的对象已经不是我们这些人了，可能是“80后”、“90后”或者“00后”，对不对。他们的消费欲望可以影响到父母，影响到很多的朋友，所以你看怎样能够让你的这种营销，能够和年轻人产生共鸣，这似乎是一个成功的关键。所以你看目前做得好的慢慢爬起来的企业，包括跟“互联网+”起来的这些企业跟网红挂钩等等都是走向这一条路。

李光斗：叫品牌人格化，我为什么要用你这个品牌，因为你跟我有互动、有关系、有娱乐、有年轻化。

王牧笛：像格力这点做得就很好，董明珠恨不得把自己的头像放在格力手机的屏保上。我们家电梯里就是格力的广告，董明珠一个头像，还有它这个产品。我家电梯晚上灯还暗，然后每天我半夜一点钟回去，看到一个董小姐看着我，吓一跳。

李光斗：我跟你讲，其实这就叫品牌人格化，叫企业家IP化，变成网红。你想以前董小姐是花了大价钱请成龙的，从营销费用上来说，她省了大笔的钱。那么还有呢，董小姐，她非常励志，而且非常敢说敢言。

郎咸平：她这种个性也是可以成为代言人的一个个性，特别好。虽然有些人可能会不喜欢她，但我却挺喜欢她，年轻人喜欢。

王牧笛：我要非常悲伤地跟郎教授汇报一下，董小姐的出场费已经高过您了。

郎咸平：真的？

王牧笛：不骗你，我注意到一个词现在经常说，现在不说定位了，现在说心智地图或者叫作心智的版图。刚才您讲共享，其实现在很多说这个品牌，这种故事、这种发声，或者这种人格化，要跟用户或者受众的心智结构发生关联，这个现在好像讲得比较多。

李光斗：我们还是回到原来那个话题，就是说它为什么出问题了？当消费者认为你就是做冰箱的时候，你没有任何品牌延伸的。当年国际上的两个大师去找张瑞敏说：海尔是什么？海尔就是冰箱，全世界的冰箱。还好，张瑞敏没有按照他的路子走。所以我觉得当西方的理论到中国来的时候，一定要和中国的国情相结合。讲一个营销的问题，你想想，所有做电冰箱的发现电冰箱的广告旁边是可以放一个女性的。但是这个女性一定要是家庭妇女型的家庭主妇，你放一个三围比例非常夸张的小姐，人还有打开冰箱的欲望吗？一打开冰箱，一看别人都是比基尼身材。再者说了，当老公说要买这样一个冰箱回家的时候，家庭主妇一定说No！你这不是买一个竞品回家吗？所以说电冰箱的最主要的消费者，购买的决策是家庭主妇。不了解消费者内心真实的需求，所以说是国际性走向衰落的标志。

王牧笛：我问一个问题，你说新飞是有自己的赛道，跟维密不能发生关联，那杜蕾斯怎么回事？杜蕾斯怎么什么行业都搭？

李光斗：杜蕾斯不一样，人家叫百搭对不对？

王牧笛：它反而是可以百搭的，谁都可以撩，反正大家都这么觉得。你想当一个冰箱去跟这个选美的小姐去撩的时候，家庭主妇肯定把你排除在外了。我们聊得这么热闹，其实这一路聊了二三十年中国品牌的发展，也聊了品牌的故事，不知道陈明教授如何看待我们所热捧的这种新的品牌？

陈　明：我的理解应该是个进化论的问题，因为商业在进化，这个是不可逆转的，我们那个年代的品牌叫旧经济。那么旧经济讲什么？讲的基本就是我们讲到的电、电器、蒸汽机，或者说IT技术。那个年代讲什么？讲效率，主要是生产端的效率。所以你看到没有？我们在市场的表现就是产品质量，所以新飞广告做得好，不如新飞冰箱好，讲的是质量好。而今天这个新的经济时代讲的是云大物移了，讲的是大数据和万物连接，讲的是人性化的部分，所以你还强调质量、强调这个技术的先进不行了，你必须重新去找到你的基因，比如说体验。刚才讲到的万物连接，讲到的这种所谓的温度的问题，所以我觉得现在的一个广告的定位，已经不再像以前那样，如果说不能理解今天的消费者所需要所追求的东西，我们还是停留在质量好、技术先进，这个已经不够了。但是这恰恰是中国大量的品牌现在出现的一个问题，脱离了产品，它跟人们的追求、心态以及理想有关系。产品只是一个载体，承载着你的价值观，承载着你的情感，所以我觉得情感的温度远远大过了产品的硬度，品牌的气质，远远大过了产品的品质，这是完全不同的两个理解力。所以我们在讲品牌定位的时候，应该跳出产品去看品牌跟顾客的连接是什么，这样才能够找到品牌。

王牧笛：这句话好，温度要大过硬度，气质要大过品质。同样的话题，听一听广东省智能创新协会的张崟副会长的观察和判断。

张　崟：刚才听了三位老师以及陈老师的发言，也很有感触，但是刚才谈了很多品牌的问题，我觉得也可以从另外一个角度来思考。我们现在已经处于一个万物互联的时代，是一个智能的时代，是一个 AI 时代。甚至它是一个碎片化场景的时代，它可能是由很多很多的年轻人构成的。他有可能前一秒在干这个事情的时候，下一秒干什么，他自己都不知道。因为完全是碎片化场景的出现，导致我们的节奏变化非常快。那么在这个时代，我个人觉得反而我们应该更关注的是什么呢？我觉得是科技和设计要引领创新，文化和精神要赋予灵魂，商业和模式要创造价值。包括江小白的首席执行官他也提到，就是他会花 40% 的时间在做消费者调研，30% 的时间会做产品研发，你就可以看到不管是江小白也好，包括前段时间小米在开 2017 年的品质管理会也好，他们都提到这个品质的管理如何细致，如何优化都不为过。所以我觉得在这个碎片化场景式的年代，甚至在这个口碑的时代，我觉得还是需要过硬的品质。这个品质可能会跟以前有所区别，因为毕竟现在进入到这个智能时代，中国也有我们的优势，包括我们前面制造业的积累再加上我们前期 10 年互联网的这种变化，使我们中国的这种大数据的积累已经做得非常好了。那么在这个基础上，中国如果能够站在这个智能时代，把品质这一关做好的话，对于品质和产品，永远是营销的一个出发的基点，或者是原点。

王牧笛：谈到了其实还是要品质优先，比如说我经常喝喜茶，喜茶作为现在网红的奶茶店排队排到疯狂、崩溃。它首先也得源于确实要好喝，如果它口感不行或者它品质不行，确实再怎么排队那也是制造个假象，甚至有很多人怀疑它是假排队嘛，有这样的一种说法。接下来我们邀请《21世纪经济报道》的记者叶静为我们做一个观察和解读。

叶　静：我也比较同意张教授的观点，我也觉得这个品质更要强于这个品牌，酒好也怕巷子深，但你首先要酒好是不是？你看我们之前也碰到过很多大品牌，因为出一些产品质量问题导致这个品牌可能走下坡路，比如说三星，我相信它这个品牌在全世界排名也是很靠前的，但是因为有一款手机的质量出现了问题，这对三星也造成了很大的影响。

王牧笛：甚至现在我们坐飞机的时候，我也挺难理解这件事情的，机场直接告知你三星的这款手机是不能带上飞机的，直接就做了这样一个禁令。

叶　静：对，还有像诺基亚这个品牌，我记得我刚刚当记者的时候，诺基亚在广州的办事处好像是在市长大厦。那个时候天河北是我们广州市的黄金地段，诺基亚的员工也非常有品牌自豪感。我们去拜访诺基亚的时候，诺基亚的员工第一句话就是我们诺基亚怎么怎么样，我们诺基亚。但是因为你看它后面有一些错误的营销或者这个产品的定位没有跟上时代，最终慢慢地就被淘汰了。苹果为什么好啊，苹果就是这种持续营销做得好，我们用完了 iPhone4，我们要用 iPhone6，我们用完 iPhone6，我们要用 iPhone8，我们现在要用 iPhone10，它不断地吸引你去消费。还有一个问题，虽然你们觉得定位就比较老，但是我觉得其实还是可以的。就像江小白，它的客户群体可能就是二三十岁的这种年轻人，它不会给五六十岁的人，可能五六十岁的人就愿意喝茅台，喝五粮液，我就不愿意去喝江小白这一类的酒。

郎咸平：肯定的，我可以代表他们说话。

王牧笛：谢谢叶静，她也提了一个问题，刚才叶静提得很有意思，她说定位理论还可以，我在各种商业读物、经济期刊上都会看到定位理论的广告。所以要请教一下光斗老师，怎么从今天品牌的这种学问或者品牌之道上观察这些年一直挺火的定位理论？

李光斗：它是这样，定位理论是在市场经济初期。品牌是什么？品牌一开始要建立一个品类的代名词，比方说海尔是冰箱，那么格力是空调，美的是风扇，这是各自在各自的市场领域里划出一块儿。如果一直墨守成规，最后就把自己做死了，比方说本田一开始做自行车的，但是如果反复强调本田是最好的自行车，如果没有往摩托车去延伸，甚至没有往汽车时代去踏上一只脚，这个品牌也就没了。

王牧笛：那最终本田会沦为摩拜的供货商。

李光斗：如果苹果仅仅一开始定位成自己就是一个 iPod 音乐播放器的话，那它就没有后来的苹果。品牌要有一个可以延伸，内涵要丰富。比方说世界上定位理论执行最好的就是柯达，柯达是什么？柯达就是胶卷。但是柯达没有想到有一天没有胶卷的时候，柯达从来没想过。甚至我们大家都不知道，柯达甚至发明了数码相机，但是它认为数码相机没有办法取代胶卷，那么当你定位成自己就是胶卷的时候，你在这个领域里头日子太好过了，被窝太暖和了，所以最后导致倒闭。

郎咸平：不过这个定位我们还是稍微再深化一下，我刚才讲过就是产品定位之后要与时俱进。但是我还想提醒一点，与时俱进也好，满足消费者需求也好，你不能够变成一个盲目的多元化，我今天做相机，明天跑去做可口可乐，或者跑去做什么轮胎，这个过度多元化，跨度太大的难度太高。

李光斗：中国有这方面失败的案例，有最早的活力二八沙市日化做洗衣粉做到全国老大，然后突然有一天它想起来要去延伸了，去做了一个活力二八的矿泉水。你想想卖洗衣粉的，再活力二八的矿泉水，再好的矿泉水喝起来都有一股洗衣粉的味道，所以这叫盲目多元化。就是觉得自己的品牌无所不能，但是我们的赞助商名创优品的名创冰泉还是不错的，这就是说当你用活力二八做的时候你就死掉了，但是你要做你自己最好的矿泉水的时候你就成功了。换句话讲，定位有弹性、与时俱进，不能脱离你自己的专业化。

王牧笛：所以这也是这个时代一个很有意思的镜像，就是这个时代伟大的卓越的企业，都很难定位它是干吗的。前两天吴晓波写《腾讯传》的时候在感慨，他写作速度再快，赶不上腾讯的变化快。后来他用了这么一个词来命名腾讯叫“一座正在喷发的火山”。那说到品牌，我们来自意大利的帅哥罗密欧应该非常了解；欧洲有非常多的百年品牌，非常多的著名品牌。意大利有一个品牌从来不做广告，但非常有名：法拉利，你说说对品牌的理解。

罗密欧：它是一个世界都知道的品牌，可能是唯一的汽车品牌从来没有打过广告的。但是我们今天说到这个品牌，我认为需要看它们的产品是什么？因为一些产品是快消品，比如说手机，可能是每一年或者每两年我会买一个新的。不是因为我需要买一个新的，可能因为系统的升级，或者那个容量的问题。我需要买一个新的手机，但是我认为产品的品质是很重要的，没有质量的话，不管你卖多少，口碑不好，大家都立刻可以知道这个品牌有问题。这个品牌不好，所以为什么要去买？第二也是需要产生一种依赖性，我觉得这个品牌好，我下一次要买它新的产品，我还要考虑这个品牌，因为我对它有感情，但是我觉得在国外的话，如果你要建立一个中国的品牌，肯定需要时间的，品牌做得非常好的就是华为。

王牧笛：应该现在在整个欧洲最知名的中国品牌就是华为，对吗？

罗密欧：是的，华为不是现在进了欧洲的市场，它是20年前就进了欧洲的市场。它卖什么？配件。它是慢慢地提高消费者对这个品牌的认可，不是从天空降下来的品牌，我已经认识它，认可它，OK，我买它的手机。但是建立品牌需要时间，这个是很重要的。

王牧笛：谢谢罗密欧，所以品牌真的是国家的一张名片。我们从苹果看美国，从奔驰读懂德国。现在很多外国人从华为来读懂中国。最后追问两位一个问题，就是很多欧洲的品牌，尤其一些大牌，奢侈品，像爱马仕、LV这些品牌为什么会贯穿经济的熊牛周期？就是买买买，扫货这些事情一定要跟这些品牌发生关联，它们是怎么做到的？它们也没有太做广告，移动互联的时代，它们也没有像江小白和杜蕾斯那么折腾，那为什么爱马仕店里永远都是博物馆？没有实货，永远都是这样，这是怎么造成的？

李光斗：衡量一个品牌有没有跟消费者建立一种唇齿相依的关系，有两个标准：一个标准就是当这个品牌消失之后，你会不会有情感上的波动？这叫品牌，刚才郎教授讲的有没有共鸣，共鸣的最高境界就是说将心比心。在传统经济时代是看你有多少用户，但是在移动互联网时代看你有多少粉丝。这个粉丝最高境界叫铁粉，这个铁粉是什么？不管你怎么样，我都喜欢你。所以我觉得为什么说诺基亚还有可能复活？因为有很多人怀念它。它如果能开发出一台在网络时代真的网器，那它可以真的和苹果重新较量一下，我觉得这是第一个标准。

第二个标准就是说你这个品牌要保持能不能成为一个身份的象征，叫符号。就好像你说的那些奢侈品，可能很多人没有用过法拉利，但是他一定知道法拉利。品牌的最高境界是什么？连非用户都知道你，都对你产生情感依赖，所以我们讲品牌竞争力为什么应该成为国家战略。

现代经济学衡量一个国家竞争力的强弱有一个标准就是你有多少世界性的品牌，衡量一个地区竞争力的强弱是看你有多少全国性的品牌。

郎咸平：对，不过我要补充一下，就是刚刚讲的这几个名牌，爱马仕或者是香奈儿，它们都有非常悠久的历史，它不是一个简单地靠创新、靠研发，因为它也没什么特别难的，像很多包包在中国做的，可是你看它积累出这种品牌需要上百年的时间，所以这个给我们另外一个层次的思考，比如说你看我们靠很多高科技研发，我们可以马上成功，可是像这种消费品那需要长时间的投入，因此一个品牌的成功那是非常非常不容易的，要有方方面面的考量。

李光斗：那我觉得这就是我们中国的奢侈品品牌的传统断掉了。因为我专门研究过，你看《红楼梦》就知道，《红楼梦》里康乾盛世的时候都说了，说你要买服装一定要买江南制造的，所以那个时候中国的奢侈品是世界一流的，包括全世界。我们讲瓷器，说那个时候看一个时代瓷器为什么成为一个标志？看这个瓷器的精美度就看到那个时候经济是不是很发达。只有到宋徽宗的时候，到元青花的时候，这个瓷器才很完美。但是后来由于我们太急功近利了，我们的速度太过重，只注重速度，所以我们没有一个精美的国器。我们的品牌的工匠精神丢掉了，我们圆明园时代随便一个水龙头现在都价值连城。如今我们的国内生产总值比康乾盛世不知道多了多少，让我们再造一座圆明园，我们找不出这样的工匠来了。

王牧笛：所以这就是问题所在，特别期待光斗老师这本叫《大国寡品》的书，下一本书应该叫《大国优品》。

李光斗：对，《大国重品》。

郎咸平：期待。

王牧笛：而且我本人是诺基亚的粉丝，我就特期待诺基亚能够重新起来，因为我家核桃已经没有工具可以砸了。前一段关于品牌最重要的事其实是“金拱门”，麦当劳改名叫金拱门了，这个事大家都有共鸣，情感发生了波动。自从麦当劳改名叫金拱门之后，段子手们忙坏了，现在纷纷把这些咱们熟悉的品牌改名。比如说肯德基改名叫俏老头，味千拉面改名叫吃面童子，星巴克叫白娘子，必胜客叫小红帽，耐克叫红对勾，阿迪达斯叫白莲花。重品，让这个品牌跃升的时代开始！谢谢大家。

第七章

制造业才是国家根本

曹德旺去美国设厂，接着郭台铭也去设厂，在今天这样一个语境之下，中国企业出走意味着什么？那郎教授将在这章告诉各位他的观点。

迪一声

王牧笛：有人把欧盟比作一个家庭，那些富的亲戚嫌弃那些穷的亲戚，所以说像英国这种老牌帝国主义国家它就脱欧了，最近这个意大利也嚷嚷着要脱。这件事情很奇怪，意大利也嫌弃这些穷亲戚，你自己就是穷亲戚好吧？而且还有一个国家同样很热闹，就是新西兰。这个国家为什么热闹呢？新西兰的总理前段时间说自己亏欠家人太多，要陪老婆孩子，所以辞职了。他辞职之前提议让副总理接任总理，那副总理接受了吗？副总理说他也亏欠家人太多，也得回去跟老婆孩子商量一下才能决定。

琢磨先生：这真是个奇葩的国家，世界这么乱，我哪儿都不想去看了，我就在家里宅着算了。

王牧笛：那是，像你这种在大城市里有一个大房子的人，如果你放着你自己那个天价的房子不住，跑去旅游，那得多糟蹋钱。

琢磨先生：说到房子，中国人可围着房子忙了，都围着房子打转呢。你看，老百姓忙着抢房，投资客忙着炒房，政府忙着限房，明星忙着开房。

王牧笛：这几年对于中国来说是“机”，既是危机的“机”，又是转机的“机”。”“制造业成本”全民猜想“玻璃大王”曹德旺的“出走”，郭台铭也去美国建厂，这两件事情引起了一个热度极高的讨论，就是中国的制造业成本到底有多贵？舞台交给郎教授。

郎来了

一、中国制造业的成本到底有多大

各位朋友请你注意，只有制造业才能真正创造财富，很多热议的名词，比如什么 O2O、互联网、网购、“双 11”，还有乐视造车、乐视等等，这些都是不创造财富的，它们是财富的再分配。如果一个国家制造业出现问题的话，那么这个创造财富的机器将受到严重的阻碍。所以制造业才是一棵树的根，制造业才是国家的根本。而美国毫无疑问地成为全世界制造业大国以及强国。因此曹德旺的被“出走”，我个人是忧心忡忡，为什么呢？一系列问题值得我们每一个人反思，比如说最近媒体上热议的税费过高的问题。

各国企业所得税税率（%）

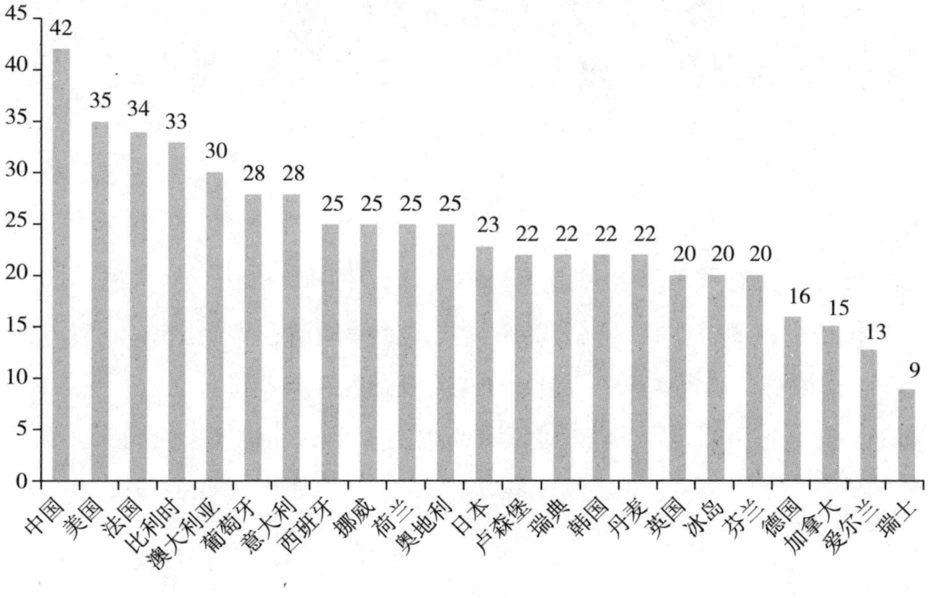

我们比较一下全世界的税率，这些国家大概只有所得税，中国不一样，我们所得税加上增值税，百分之三四十。排第二的美国 35% 现在要降到 15% 了。那么就是因为这个原因给全世界不只中国都带来重大冲击。因此英国首相（特蕾莎）梅在 2016 年 11 月 28 日也决定将英国的公司税从 20% 降到了 17%，德国、法国对美国提出抗议。你这种减税的方法会使得它们企业受到重创，所以这次减税是对全世界的冲击而不只是对中国。这点我觉得我们要有深刻的认识。为了表述方便起见，我想和美国做一个比较。为什么呢？曹德旺也好，郭台铭也好，他们不去欧洲设厂都去美国，因此我们要了解我们的对手。请看下面这个数据：

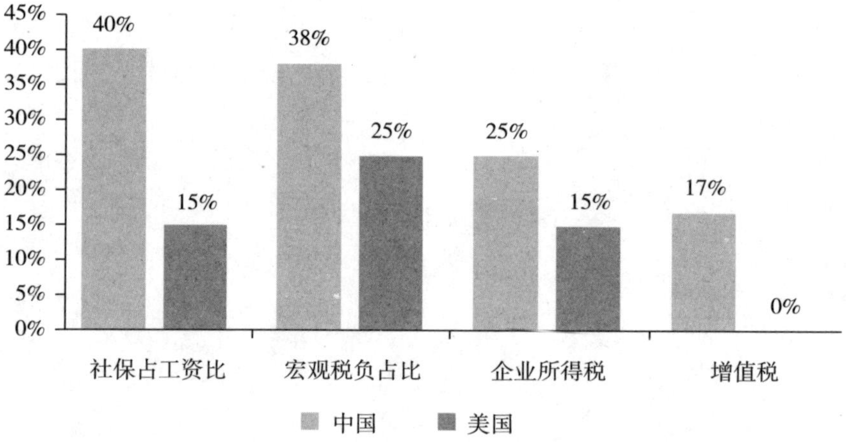

也是跟税有关的，社保占工资的比例，中国是 40%，美国呢，15%；宏观税负中国 38%，美国呢，25% 而已。企业所得税中国 25%，美国呢，15%；增值税中国是 17%，美国是 0%。可是我跟各位讲，问题不止如此。如果只是因为税的差距，我相信曹德旺也好，郭台铭也好，他们不会去美国的。这是我们通过包括曹德旺本人以及其他来源，我们收集很多的数据。

中美企业成本对比（美国为 1）

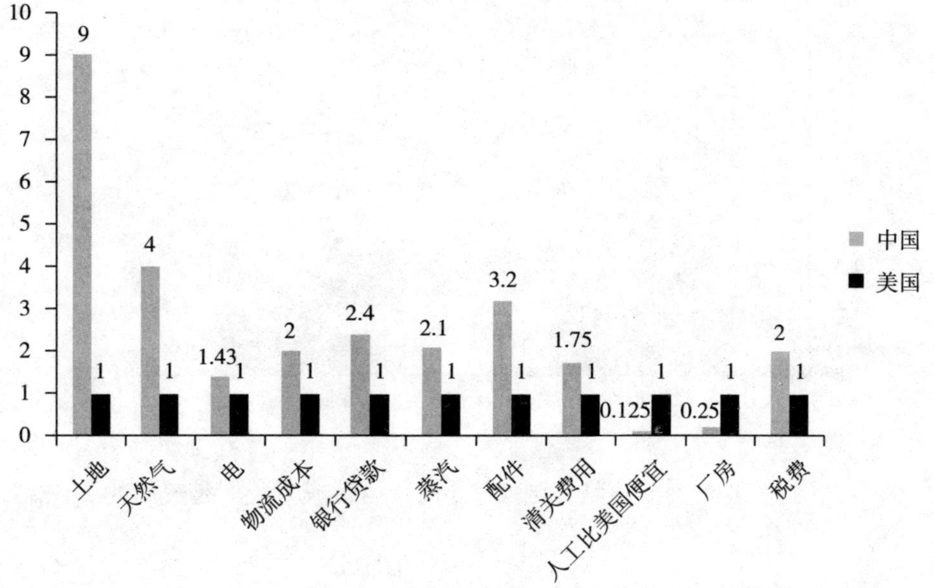

灰色代表中国，黑色代表美国。土地，我们是美国的 9 倍，天然气，我们是美国的 4 倍；配件，我们是美国的 3.2 倍；银行贷款的利息我们是美国的 2.4 倍；蒸汽我们是美国的 2.1 倍；物流成本，我们是美国的 2 倍；税费，客气地讲我们是美国的 2 倍；清关费用我们是美国的 1.75 倍；电，是美国的 1.43 倍。全部比美国贵，我们哪个比美国便宜呢？好，人工比美国便宜，美国的 12%，构建厂房比美国便宜，是美国的 25%。

那么再给各位看下一个图，我用这个图做了一个简单的总结投资成本中美差距：

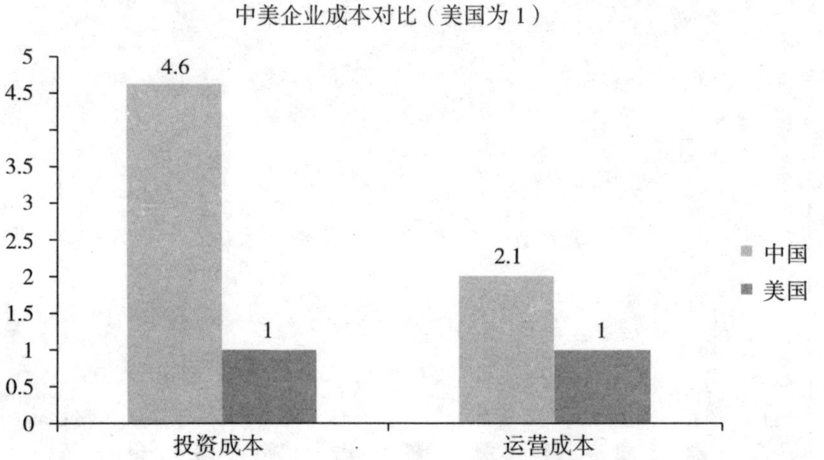

中国制造业投资成本是美国的 4.6 倍；运营成本我们是美国的 2.1 倍。

二、全世界制造业正在回流美国

那么请各位想一想，如果都看明白这些数据之后你会发现从奥巴马总统时代就已经鼓吹了要成为制造业大国跟制造业强国，那么到现在有什么成就呢？

从全世界回流美国的制造业，2010 年是 16 家，2011 年是 64 家，然

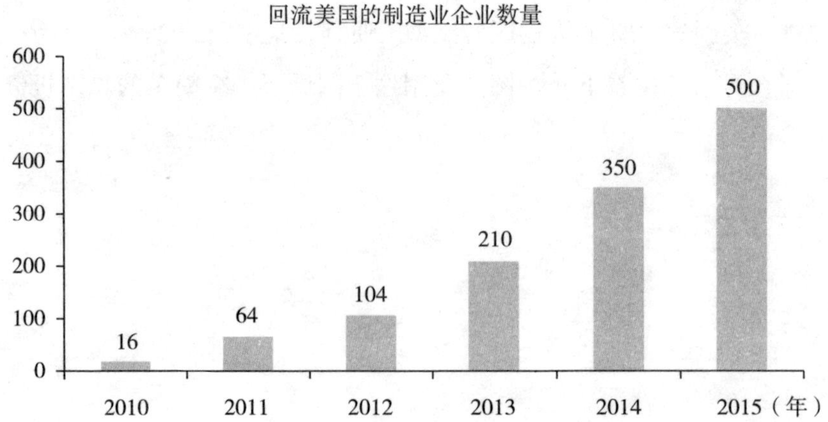

后 2012 年 104 家，2013 年 210 家，2014 年 350 家。

2015 年估计是 500 家，2016 年会更多，2017 年还会更多。我提供这些数据给各位朋友看，目的很简单，我想告诉各位，制造业才是一个国家的根本。我觉得我们未来应该将国家的最大资源、最大的力量跟所有的精力投放在制造业的发展上面，这才是一个立国的根本，才是中国能够走出经济下行压力的唯一良方。

三、我希望中国企业留下来

赵晓璇：郎教授，有段时间福耀玻璃的掌门人“曹德旺跑了”成了这个网络的热词，当然了他本人也是澄清他只是准备在美国有一个 10 亿美元的投资。但是我们发现近两年一旦是有资本大佬准备海外投资这样的新闻出现，就会挑动我们这个民众的神经，觉得他们这些人一定是要跑了，那您觉得舆论这么敏感，是不是和我们国内这个投资环境方面需要改善有关呢？而且在今天这样的一个语境之下，您是不是依然对中国企业“走出去”这样的一个战略支持呢？

郎咸平：这个问题问得非常好，那么大家请注意包括李嘉诚，他不是制造业，他做地产也走出去。那么曹德旺也去美国设厂，然后郭台铭也去设厂，所以你要问我了，郎教授，我们不是要全球化吗？我们不是希望企业“走出去”吗？那我告诉各位我的观点，我希望中国企业留下来，你知道为什么吗？你都走了，那我们怎么办？所以有时候老百姓有这种语境，有这种反应，我是非常理解的。因为坦白讲，从内心深处我们都是爱国的，我们不希望企业“走出去”，我们这个城市需要 10 个曹德旺、10 个郭台铭，最好 100 个，越多越好，企业家越多，尤其是制造业的企业家越多，我们才会越富裕，所以我觉得我们应该怎么样？我们应该改善投资环境，让他们留下来，不要“走出去”，这是我的想法。

第八章
聚焦新能源汽车

双积分政策出台可以说是半强制性的国家的意志，政府的意志来推行新能源汽车，以后我们身边的出行、衣食住行的“行”和汽车的市场会发生怎样的改变呢？且听郎教授的深度解析。

迪一声

今天我们来聊一聊汽车，汽车跟男人之间是什么关系？是真爱，我一直在观察汽车跟男人这种复杂的情愫，这样的一种亲人或者叫亲情关系，我发现男人爱汽车胜过爱自己的老婆。我看到过很多男人下了班回家，开车开到楼下不上去，坐在车里思考、打电话，他觉得车里比较安全，一旦走出车回到家里他就变成了父亲，变成了老公，他要行使这或那的责任，他要扛起这样或那样的负担，这个时候他宁愿扛起一辆车，他也不想扛各种各样的负担。汽车发明于19世纪，中国第一个拥有汽车的人是谁？慈禧太后，当时老佛爷看到了汽车后的第一句话，这东西跑这么快，它得吃多少草啊？汽车发展到今天，100多年的历史，在汽车发展史中有很多大家不一定知道的小秘密、小趣闻，今天在《财经郎眼》跟各位分享一下。

历史上第一个拥有驾驶牌照、驾驶证的就是女司机，是奔驰“汽车之父”卡尔·本茨的老婆贝尔塔。她是第一个拥有驾照的，注意，第一个拥有驾照的是女司机，以后不要再调侃女司机了。贝尔塔不仅是第一个拥有驾照的，她还是第一个试驾车的人。她开的是她老公发明的奔驰车，开了100多公里，去哪儿了呢，回娘家了，所以说女司机厉害。你们听到第一个司机是女司机，第一个拥有驾照的是女司机，这种感觉是不是相当于我告诉你历史上第一个学会化妆的是一个糙爷们儿？除此之外，你们知道红绿灯是怎么发明的吗？红绿灯发明于19世纪初，它是仿照19世纪初当时英国女性穿衣服的颜色，当时英国街头没结婚的单身女性穿绿色的衣服，结了婚的女性穿红色的衣服。那走在马路上的男人一看就知道了，哦，红灯，穿红色衣服的就是别人的老婆，你说你闯红灯，不抓你抓谁呀？那后来呢？又发明了黄灯，黄灯发明于红灯和绿灯之后，绿灯、红灯意味着通行和禁行对吧？那黄灯意味着什么，意味着警告慢行，黄灯意味着慢行。

但你注意没有，我们身边的很多朋友，见到黄灯第一件事是快行赶紧冲过去，那种感觉就好像对面有一个穿绿衣服的女子在等着你。

再问一个问题，汽车有多少零件？几万个零件，非常复杂，比手机复杂。这也是为什么贾跃亭他能做得了手机不一定做得了汽车的一个重要原因。汽车刚诞生的时候生产一辆汽车要多长时间？12个小时，后来要感谢“现代工业流水线之父”福特。流水线让生产一辆汽车变成了一个半小时，这很厉害，如果没有福特的话，咱们今天叫摇号抢牌照而不是摇号抢车，因为车的生产太慢了。但是你知道今天生产一辆车多长时间吗？1分到1分半钟生产一辆汽车。汽车你别看现在是我们通用的交通工具，其实当年刚出生的时候地位非常低，低过马车。如果是在马路上汽车跟马车同时相会让路的是汽车，而且还要熄火。怕惊扰了马儿，马儿是理直气壮的因为这条路叫马路。所以汽车当时很委屈，但是后来人们发现汽车比马车方便。第一个方便当时汽车竟然达到了时速18公里，当时的媒体和民众用了这么一个词啊！18公里这是令人窒息的速度。再加上马一旦跑得快它就会不断地排便，倒也是一个令人窒息的速度。所以一方面速度，另一方面环保。所以当时的人们开汽车出行那叫绿色出行。不像今天，今天大家都知道汽车的尾气构成了我们叫空气污染的一个主要的来源。所以之前的汽车追求的是更安全、更速度，那今天的汽车更加注重的是新能源，是绿色，是环保。

郎来了

一、“双积分政策”与中国新能源汽车发展

2017 年 9 月 28 日，国家五部委联合发布叫作双积分政策来推动新能源汽车的发展，那么各位请注意，中国在新能源汽车领域方面的进展之神速我相信你会感到非常意外的，它将来很可能像高铁一样成为全世界最领先的项目。为什么？我以数据说话，首先谈谈什么叫双积分政策，这个很有意思的，请看这个：

国家油耗达标标准厂

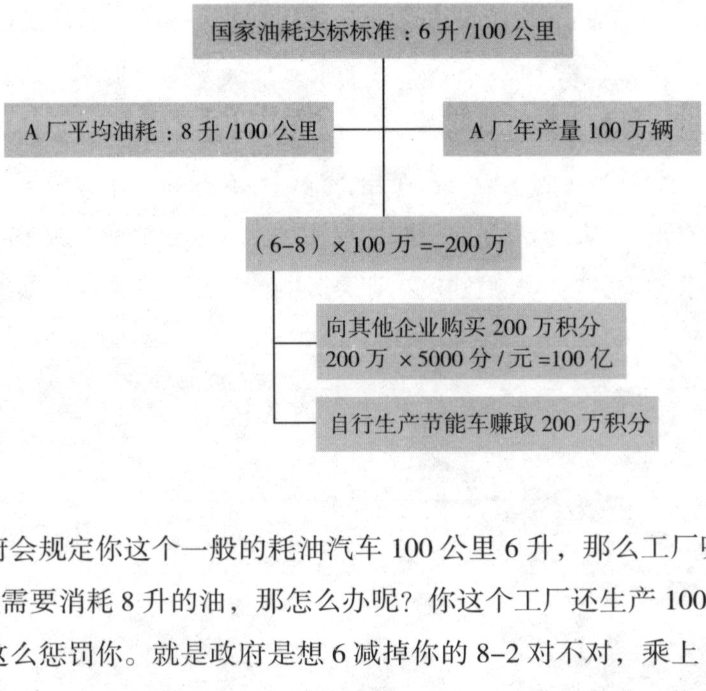

政府会规定你这个一般的耗油汽车 100 公里 6 升，那么工厂呢？平均 100 公里需要消耗 8 升的油，那怎么办呢？你这个工厂还生产 100 万辆车，好，就这么惩罚你。就是政府是想 6 减掉你的 8–2 对不对，乘上 100 万辆车变成什么？变成 –200 万这么一个计算。–200 万什么意思？你要向其他生产新能源汽车的公司购买 200 万乘上 5000 元总共 100 亿元，你要花 100

新能源车强制配比图

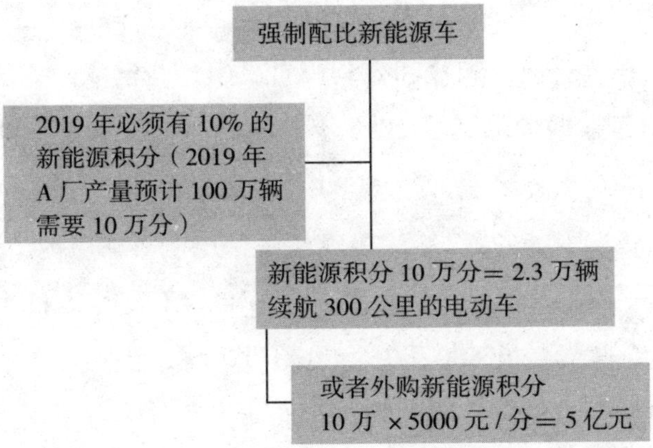

亿来购买 200 万的积分，或者你自己生产节能车、新能源汽车来赚取 200 万的积分，这是第一个限制。第二个更有意思了，强制配比：同样的例子到了 2019 年任何汽车工厂必须有 10% 的新能源积分，这个工厂生产 100 万辆车，那么到 2019 年就需要 10 万分，乘以 10% 嘛，10 万。那么你怎么办呢？经过一些复杂的公式计算，你这个 10 万分必须得生产 2.3 万辆续航 300 公里的电动车，自己要生产，或者向比亚迪去购买，向这个新能源汽车公司去购买。比如说 10 万对不对，一个是 5000 元，乘在一起就是 5 亿元，你得花 5 亿元去购买。那么各位朋友请你注意，这是一个很简单的公式，你这么干的话，中国将成为全世界最先进第一大户。生产新能源汽车的国家因为到目前已经是非常惊人了，那我刚刚讲的这两个公式，谁最得利？就是生产新能源汽车最得利，比如说以比亚迪为例，我们估算了一下，这个政策一旦推出之后，它一年卖这个分就可以赚 5 亿元，北汽呢可以赚 5.5 亿元，就这么赚，多大的收入啊，就卖积分。

二、中国会成为全世界最先进生产新能源汽车的国家吗

我今天想给各位看一些数据，2017 年 8 月份刚刚出来的数据新能源汽车销售量。

第一名，比亚迪 11269（台）；北汽 8146（台）；知豆 5018（台）；上汽 4348（台）；吉利 4184（台），全球前十大里面中国占了 5 个，其中这 3 家是民营企业，比亚迪、知豆和吉利。自己生产自己卖，中国人创下了如此惊人的成绩。数据预测到了 2019 年本土纯电动或者是混合动力汽车的预计产量中国是全世界第一，3586000 台，超过德国、日本、法国、韩国，它们加在一起还没中国多。2015–2019 年这个电动车的电池产量，MWH 就是 1000 千瓦，中国是全世界最高的，是 67800 千瓦，比日本高，日本接近 50000 千瓦，我们是 67800 千瓦，也超过韩国，更超过美国，其他国家不值得一提。还有全世界各国电动汽车的研发跟补贴，中国是最高的，47 亿欧元，德国 14 亿欧元，法国 10 亿（欧元），其他国家不值得一提，讲到这里你发现，我们已经在量方面遥遥领先，

三、中国新能源汽车还需要三个方面的努力

你们可能要问我一个问题，量是遥遥领先，但我们的质怎么样呢？那么坦白讲，我们还有三方面需要努力：

第一方面，电池。以 90 千瓦的这个电池为例，吉利可以跑 300 公里，比亚迪 e6 可以跑 450 公里，特斯拉 S 车型的车子是松下提供给它的电池，可以跑 557 公里，远远高于我们。换句话讲，电池能源这种密度，松下的是超过我们接近 40%。这个一定好吗？松下它的电池虽然续航力比我们

不同类型电池温度上限

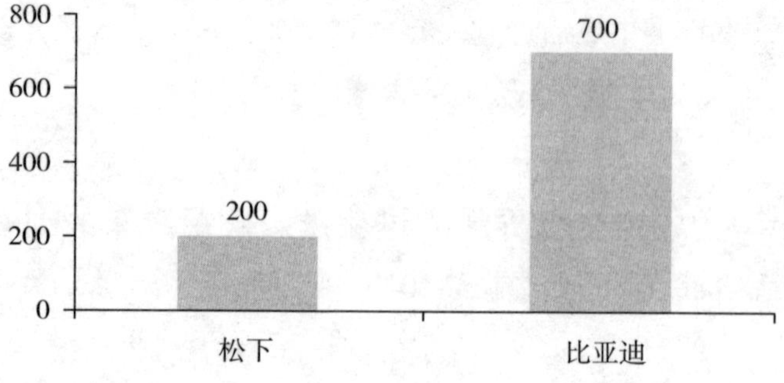

长，但是只要超过摄氏 200 度，它会分解，会解体，比亚迪呢？要 700 摄氏度它才会分解，而且价格只是松下的 60%，虽然续航力差一点，那我问你，你会买哪一个？这个很难说的，而电池占了车子四分之一的重量，占了整台车子 40% 的成本，所以你很难讲日本是有竞争优势的。我为什么今天特别讲比亚迪，走到这一步确实不容易，从半人工半自动走到这一步，能够超过松下不容易，因此在电池方面的话我们续航力是不足的，但是我们的（电池）特别耐高温，这一点是别的国家比不上的。因此在这方面我们是世界先进水平，不分上下。

第二方面，叫作驱动电机，我们既不会造电机，也生产不出原料，什么原料呢？叫作钕硼铁，稀土的一种，我们在 2005 年之前既生产不了这种原料，也生产不了所谓这个驱动电机，全部靠进口。可是请看下面这个数据：

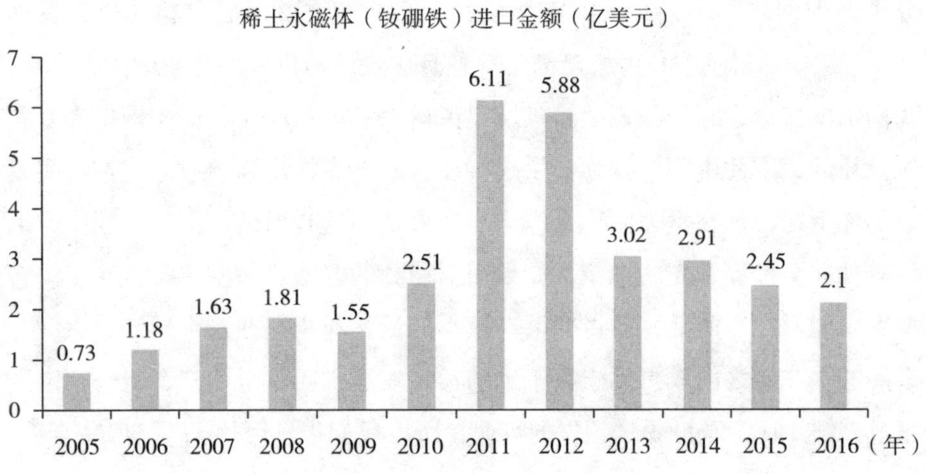

这个是钕铁硼的进口，从 2005 年开始爆炸式增长，到了 2012 年急速下降，你猜为什么？这也是我们所谓的弱项，我告诉各位，到了 2009 年深圳安托山特种机电公司突破了驱动电机的生产技术，可以达到 95% 的可靠度，基本上没有问题了。而从 2005 年之后，包括中科三环、宁波韵升、金力以及宁波尼兰德等企业，可以生产中低端的钕硼铁永磁体。所以从这个时候即 2010 年开始，钕硼铁的进口金额大幅下降，因为中国已经开始慢慢生产了。虽然只是中低端，可是我们不但有了驱动电机的生产技术，同时也能生产中低端的钕硼铁。

那么最弱的是第三个方面，叫电机控制器，英文叫作 IGBT，中文翻译非常复杂叫绝缘栅双极型晶体管。什么意思呢？你把它理解为电机的 CPU 就对了。第一名，德国；第二名，日本；第三名还是日本；第四名，德国；第五名，美国。我们中国是属于其他。但是有一个好消息，2014 年中国南车在中国高铁上面发明的第一代 001 的 8 英寸的 IGBT 的芯片，2014 年可以高铁用，如果高铁已经能用的话，转成汽车应该是指日可待。那么各位，我再给你讲一下电池厂商全球市场份额：第一名是松下，第二名是 LG，第三名是宁德，第四名是比亚迪，第五名是力神，第六名是韩国的三星，第七名是中国的万向，中国好像占了几家。我们按照国家来把它分类，中国排第一，29% 的市场份额，日本也是 29%，韩国 27%，其他 15%，换句话讲，中日韩三足鼎立，各有优点。最厉害的还是中国跟日本，我们强调安全，它们强调续航。所以说讲电池的话呢，我们中国确实是领先世界的，因此讲到这里你会发现，在政府没有推出强迫政策之前过去是鼓励你生产，现在是强制你生产，我个人认为这是对的。因为中国基本上已经处在全世界领先的地位，如果用双积分的办法让一些传统汽车工厂转型做新能源汽车的话，或者叫电动汽车的话，我相信在这个领域，中国一定能够在几年之内取得你想象不到的长足发展，而且电动汽车将来一定会超过高铁，成为全世界最领先的行业，所以我们指日可待。

三见客
——双积分制度之下，新能源汽车是大势所趋吗

（本期嘉宾：

张春蔚：财经专栏作家，资深媒体人；

廖世军：华南理工大学教授，广东省燃料电池重点实验室主任）

王牧笛： 中国汽车工业协会的常务副会长叫董扬，他最近接受采访说“双积分制度是综合了欧洲和美国的产业政策，这么严的政策世界上还没有”。他用了这么一句叫“世界上还没有这么严的政策”，所以刚才我注意到教授用了一个词，它已经不是说鼓励了，而是说基本上半强制或强制了。那这个严的政策双积分之下，我们能不能够在新能源汽车这个全新的产业或者产业升级的这个弯道进行超车，是我们本场《财经郎眼》关注的话题。

有请我们的老朋友，也是财经专栏作家，资深媒体人张春蔚女士。女财经媒体人聊车。《财经郎眼》嘉宾有两个比较懂车的，一个马光远，一个你。

张春蔚： 我跟他都去过一汽，当时我们是观察员身份进国企调研，专门一起去一汽看了整个国产的，还有进口的奥迪的这个生产线。我们把整个流程梳理了一下。

王牧笛： 既然你都去了一汽了，而且作为一汽的观察员了，咱们先不说新能源汽车，你认为传统中国的燃油汽车这些国货，还有希望吗？

张春蔚：我们看到最近红旗其实有很多的改变，基本上用的是之前做奥迪的那帮人马，然后看这一代的红旗，从设计到造型到很多的工艺都发生了很多的改变。所以绝对不是说我们的人行不行的问题，而是我们是不是愿意把这样的一个专注力放在我们自己国产车的生产领域当中。

郎咸平：对，所以我很赞成这次双积分。为什么，知道吧？用市场行为来规范它，用市场换技术已经证明失败了。

王牧笛：对，所以双积分制度很多媒体的评论是萝卜加大棒嘛。中国玩法，给你甜头，给你棒子这个是符合我们国情的，是对的。在教授看来这是一定有效的。

郎咸平：绝对有效！

张春蔚：我觉得这次就是大势所趋，因为新能源车的这个概念当中，我觉得没有人说这个东西有问题，起码走到现在所有人达成一致的共识，既然终点在那儿，那为什么起点不可以高一点呢？所以我觉得在我们这一轮的新能源汽车当中我们的补贴非常高，有的时候一辆车的 50% 都以补贴的方式进行了，但是我们看在西方国家的话补贴只占 20%，而一旦补贴政策有变化，那下一步怎么办？

王牧笛：对，很多的新能源汽车都会出问题，而且在之前的江湖有骗补。

郎咸平：而且西方国家有一个阴谋论，就是说是这个所谓石油巨头不愿意你发展新能源汽车，因此它们做了很多游说的工作或者投入很多钱来阻碍这种所谓的电动车或者新能源汽车的发展，就是阻碍历史的车轮。这个在美国尤其严重，所以这就是为什么美国这方面它是比较落后的。

王牧笛： 我看到一个最新的报道，是工信部的负责人在一个论坛上表示说，中国已经启动研究传统燃油车的退出时间表，已经开始研究这个了，很多西方发达国家已经开始明确地给出了禁售的时间。英国、法国宣布的是 2040 年开始禁售传统柴油汽车，印度是将 2030 年作为禁售的时间，荷兰是整个西方世界第一个起这个心思禁售燃油车的国家，基本上现在都开始研究这个时间表了。

郎咸平： 因为这个对整个世界政治格局或者经济格局有非常大的影响，重大冲击，这次的影响力非常大，所以说美国的反应会最慢，因为它是利益集团中的一部分。

张春蔚： 像早期的话你可能会发现中国的汽车文化是不快乐的，因为我们想的是怎么样用自己的技术来完成第一辆国产车，然后完成自己的知识产权的问题，完成自己的这个批量生产的问题。汽车文化在全世界都是一个快乐文化，但是像我们去过的一汽，包括二汽，包括很多的汽车厂商你会发现中国的产业工人和这个汽车厂商过于沉重，大家都会觉得压力很大。这个时候你就会发现，就是我们提出了一种中国玩法：第一，有很严重的环保压力。我们会对新能源车有一个牌照的宽泛，然后不用摇号了，还有甚至很多地方已经取消了车船费。好像重庆是接下来这几年如果你是新能源车，车船税都减免，那么这个时候过路、过桥费也减免。大家一下就会觉得新能源车好，所以我觉得在这个过程当中我们试图拿出一个中国玩法，现阶段中国玩法可能我们还是有一定的补贴形式，但是最后我们给出的是什么？尤其这一轮我们看到 2018 年没有被放入到这次的这个条例，但是 2019 年和 2020 年给出了一个很严格的限制。而且这一轮动真格的话，不仅是对本土的汽车厂商，而且对于其他还在作壁上观的一些外资品牌也产生了极强的震撼。

王牧笛：我们现在可以不说2018年，这个双积分是从2019年开始，不是2018年就给了一年的缓冲期。

张春蔚：对，就是把2018年的标准取消了，但是2019年的标准和2020年的标准都是执行的，所以从另外一个意义上而言，就是说在中国你要想获得中国市场，你得按照中国的玩法。

王牧笛：交通运输部运输服务司的副司长表示说按照现在这种总体的目标和时间表，2020年新能源汽车会在2018年底30万辆的基础上再翻一番，达到60万辆的一个总规模。

郎咸平：而且这个对降低雾霾有很大的好处，像北京、上海雾霾一个最大的比例就来源于汽车排放。

张春蔚：是，大家对于环保的要求已经超越了汽车产业的速度性的改变。

王牧笛：现在很多互联网企业都在造车，在春蔚看来是传统的车企类似于像李书福这样的去造车更好一点，还是说这种BAT（百度、阿里和腾讯），包括乐视这样的“互联网+”的企业去造车，尤其这种新能源汽车市场想象空间会更大一点？

张春蔚：我觉得包袱小的那个人空间会更大，因为包袱大的人这时候他会惦记着之前他的优势，我们现在在其他这种西方企业的车企身上看到的在我们国内的汽车厂商身上也能够看得到，别人都惦记。传统的车还能够卖，而且利润还很好，也不需要花多大的成本营销，就不大愿意费劲地去进行产业的开拓。

郎咸平：不过我的观点跟她刚好相反。汽车这种东西为什么乐视会失败？失败就因为资金链断裂。就因为做汽车这个玩意儿它是非常非常复杂的一道道工序，一旦量产之后，它这个标准化的过程当中成本是非常非常大的。我举个例子，比如你看一辆车都有7000多个零件，你要生产一台车，流水线生产，要在同一个时间，7000个零配件要从全世界各个工厂准时到达，你想这个存货管理有多困难，你能想象到吗？这是一个，同时你这个周转资金压力，所以大家不要小看这个汽车工业，这个汽车工业它是非常非常非常复杂的一个流程，不是一般人可以做的。

王牧笛：那我问个更具体的问题吧，你觉得贾跃亭能把那个F911给造出来吗？

张春蔚：我觉得有的时候我们大家可能会想没有飞机的时候我们去买飞机，然后没有车的时候我们去买车。很多的时候我们都把它当作生意来做，但是最后你坚持一下，大飞机，我们也做出来了，动车，我们也做出来了。所以有的时候不在于说当时可不可能，而在于有的人有企业家精神，有的人坚持就能够走出来，所以我觉得对于所有的未知我都保持着一个敬畏，但是谁能够走出来确确实实很难确定。但是我相信有的人确实能够做到弯道超车，我觉得这一轮，起码从政府到行业我们都按照我们的规则和玩法在推进，起码今后或者说在短期之内我们能够看到最大规模的新能源车的量产和销售，是在中国市场产生的，我们将拥有更多的实际的数据，更多的产业的选择。

郎咸平：这个目前已经有的数据已经证明了中国电动汽车或者新能源汽车在量方面已经是居于世界领先地位，这是目前，未来更不用讲了，在政府这种双积分的政策推动之下，我相信这个数据会爆炸式地增长，但是技术构成了一个瓶颈。

王牧笛：这个王传福曾经表示说汽车行业的下一个爆发点毫无疑问将在私家车，但是问题是我们做过调查，媒体从消费者角度做了个调查，大家对于新能源汽车的观望态度还是比较明显。主要集中在这么几个问题：一个是动力，最大续航里程不足，充电不方便。它是一个用户友好度的问题，我们的消费者对于传统的燃油汽车太熟悉了，这套东西对于新能源汽车来讲，电池可能构成了一个问题。我们自己曾经开玩笑说埃隆·马斯克的伟大在于把特斯拉和 5 号电池给捆绑在一起，给捆绑了一个电池宝。那么电池构不构成现在的一个障碍，以及如何看待其未来。对于新能源汽车的这种技术的瓶颈，我们今天请来一位电池领域专家，华南理工大学的教授廖世军先生。您也先给我们科普一下中国这个新能源汽车电池发展到什么程度，未来会有哪些瓶颈或者突破的可能？

廖世军：准确来讲我做得最多的是氢能源电池，同时也做一些锂离子电池方面的工作。目前我们知道，所了解的这个新能源汽车主要是指以锂离子电池为动力的这样一类新能源汽车，它叫磷酸铁锂，以特斯拉为代表的。另外一个代表的就是大家知道丰田的 Mirai，那么它就是燃料电池车，它就是使用氢能源。作为动力的一种汽车，如果说这个新能源汽车现在在市场上就可以很好地盈利了，大家使用起来都很方便了，政府既没有必要去鼓励，也没有必要半强制，那么现在问题在于什么呢？那就是我们的新能源汽车目前还存在着一些不足，问题的根源在哪里？就在大家说电动汽车的三大块：电控、电池、电驱动，也就是三块当中其实最大的问题就在电池上面。电控的问题我们中国可能有些企业解决得不是很好，但在国际上有企业它能够解决得很好。刚才大家也听到了，而电池的问题确实是国际性的一个难题。它虽然在过去这么多年来前进得很快，我们大家知道早期的电动车就是100多公里的续航里程，那么现在可以跑到300公里，特斯拉可以跑到500公里。当然它是有代价的，它装的电池重量非常大，那么特斯拉为什么要走高端路线？那就是因为它高端路线就可以承受。这个车上面装更多的电池可以跑得更远，那么现在的核心的问题还在于电动汽车领域里头，就是全世界的这个研究的焦点，最大的焦点仍然是在电池上面。至于是氢动力电池还是锂离子电池谁跑得快，谁最后能够跑在前面，现在还是一个难分胜负的事情。

王牧笛：也就是说这个领域，这条赛道上还有“主义”之争，锂主义还是氢主义是吧？

廖世军：对，有两条赛道之争，这两个现在还在竞争之中，总的来说，为什么要双积分，为什么要鼓励，为什么要强制，那就是目前的电池仍然有一些不足，那么大家要相信随着社会经济的发展，随着科技投入和教育水平提高，我们国家这个研究实力也是进步得非常非常之快的。

王牧笛：教授，咱说得再明确一点，我给您一组数据，罗兰贝格最近的一个调研，消费者对于新能源汽车的顾虑有三个：充电设施少，充电时间长，行驶里程限制。这是现在大家比较焦虑的事情，那您再大胆地预测一下，多远的未来新能源汽车现在消费者担忧的几个问题能够得到比较根本的解决？让我们现在买新能源汽车不再出现比较大的顾虑。

廖世军：好，第一个充电桩的问题是电池技术和电动车技术之外的问题，它实际上是需要社会和政府来建立这样一个基础设施的问题。那么续航里程的问题就直接关系到电池和经济性的问题。装多电池就意味着成本的提高，那么电池技术的进步估计在5年之内有突破。锂电池可能能解决这个续航里程的问题，这样就可以了，续航里程应该可以达到我们所需要的。

王牧笛：电池领域的“5年计划”，谢谢廖教授给我们非常好的一个科普，而且给我们一个非常明确的预期。5年的时间这个领域会发生比较大的变化。彭澎是开车一族，接下来问一下你会选择新能源汽车吗？

彭　澎：说实在的，我暂时不会选，因为前不久我一个朋友，他开车到一个比较远的地方回不来了，就真的是回不来了，请拖车公司把它拖回来的，他真的是找不到一家充电的地方。因为现在我们看到很多停车场是有充电桩了，但是它的普及还不够。我觉得新能源车可以在出租车和巴士就是公交车这方面可以先突破。它们是在一个固定的区域里行驶的，我觉得这个是值得去关注的。

但是就这个话题来讲，我想我们要有前瞻性，因为这是一个大趋势。刚才讲了那么多国家的选择，我想从另外一个数据来分析一下。现在世界上最大的企业我们叫作千亿级企业，就是说营收在千亿美元以上的企业有53家，那么这53家当中我数了一下，汽车企业大概10来家。从汽车企业来看呢，比如说德国有4家千亿级的企业，其中有3家是汽车，日本有5家千亿级的企业，有3家是汽车。美国22家千亿级的企业，有2家是汽车。中国有13家千亿级的企业，只有1家上汽集团。新能源汽车的发展，我相信会带来一个产业的重整。那么对于我们很多一些新的、小的企业、很多新的玩家比如说IT或者是其他领域的都想进入，因为汽车不仅仅是个交通工具了，它也可以是一栋“房子”，也可以是个玩具，很多人都把车当玩具来玩了。现在很多家庭有两台车了，那么这就给我们很大一个契机，中国可以弯道超车，因为中国在新能源的发展是走在前列的。

在全世界来讲，汽车产业也是我们中国的支柱产业。这个产业如果说不站在世界的前沿，我们就永远成为世界的市场。我觉得这块我们要有一个前瞻性，所以技术的突破，怎么产业化这个是企业的事情。另外一个，政府在充电桩的铺设方面应该有更多的硬性的规定，你搞停车场必须要建多少充电桩，然后我们的加油站能不能一定有充电桩？

郎咸平：以后都会的，这个是肯定的，再过 5 年有加油站的地方就有充电桩。

彭　澎：对，这个能够推进。

郎咸平：政府的政策，我有充足的信心，绝对不会有问题的，这都是小事。

王牧笛：就不会出现那个车开出去了回不来这种情况，你的朋友就不会郁闷了。

郎咸平：三五年就可以买车了。

王牧笛：教授给彭澎的意见就是放心大胆地去买吧，再过 5 年就肯定没问题。未来会遍地充电桩，因为这是国家战略，双积分是国家战略。那充电桩，基础设施的铺开也是国家战略。那接下来我们请来一位汽车领域的媒体观察者，12 缸汽车的总编辑王飞，如何看待双积分以及未来新能源汽车的发展？

王　飞：我这样来总结新能源汽车的两个特点：第一个特点是政府跑得比厂家快，厂家跑得比消费者快。第二个特点，我觉得是咱们的自主企业跑得比合资企业快，这一块自主企业首先它自己的灵活性比较强，另外一个从数据来看，其实这个双积分政策的积分占比前面几位几乎都是自主品牌企业。比如说像第一名是比亚迪，第二名众泰，然后还有像吉利、北汽等等。但是合资品牌反应很慢，确实它受了一些制约。但是我觉得随着这个政策的推进，国外的品牌进来以后，它也会通过各种方法，比如说大众和江淮合作，戴姆勒和比亚迪合作，它一定会有相应的对策。整体来看的话，在政府的政策支持下，我觉得新能源汽车应该能在最近几年得到一个蓬勃的发展。

王牧笛：这是来自12缸汽车总编辑的观察，最后的时间我们问问这个美女投资人一桦，你是女司机吗？

刘一桦：是啊，我技术还不错。我是比较喜欢特斯拉的，就是5年以后我可能会考虑买它。首先我想说一个观点就是我认为续航能力不是问题，刚才大家在讨论，我就想起一个很经典的案例。你今天看来可以把它当作一个笑话来看，就是当时苹果手机出来的时候诺基亚派了一对卧底去打探这个产品，打探完了回来，他们就跟总部写了一个报告，结论就是这一款手机完全不足为惧。他们有两个论点：第一个论点是这个苹果手机特别不耐摔，摔一下这个屏幕就裂了。大家知道诺基亚是很耐摔的对不对。我从二楼扔下去，或者扔到马桶里我刷一刷还能用嘛。第二个就是苹果的这个电池，也可以叫续航吧，就是它这个电池电量的持久性是非常弱的，但是其实这个也并不能阻碍苹果成为一个伟大的产品。所以我认为从产业角度来讲其实续航也好，这个电池也好，它只是一个速度的问题，未来的这个新能源汽车从我个人来讲，我是非常看好的。它一定是一个历史趋势，那我想把这个话题分为两块来讲，第一块是新能源汽车对于整个汽车行业的改变。第二个是对于我们本土品牌的机会。第一个问题我们讲它对这个行业的改变，因为大家前面讲了很多，我就不赘述了。那我就讲两点很主要的，第一点是以前这个传统汽车，它其实是非常封闭，迭代非常

慢的，慢到什么程度呢？大家可以看到，一个汽车的大改版一般是7~8年，一个小改版是3~4年，但是互联网企业的迭代是多少？ 6个月，对不对？而且这个行业很封闭，封闭到就是我们业内开玩笑，说你看不管是世界的还是国内的几大汽车巨头，它们的高管或者是核心的操盘人，一般就是在几个巨头之间换来换去，这个创业者是很难切入的，你外来的人也很难进去的。它这个壁垒非常高，所以就其本身来讲，它的产业链很长。就从这个汽车制造商到品牌商，到这个经销商到4S店，到给到消费者，它整个链条是非常冗长的一个链条，所以新能源汽车，它的一个非常大的意义在于能够完全改变这个产业的格局。首先引擎，以前大家研究引擎嘛，最重要的，现在不研究了。去看电池了，然后讲到新能源汽车。

我们第二个不得不提到就是它的智能化。其实任何一款新能源汽车，我们最后发现它会跟这个智能算法，智能化挂钩。那么这就意味着什么呢？意味着可能以前我们开一款汽车，我们拼的是动力也好，品牌也好，以后不是了。以后除了这个新能源以外，它拼的是我在开这款汽车的时候，数据量的积累。品牌商它可能每时每刻都会关注到这个车主，他行驶的车况，他的状况是很不得了的。换句话来讲，就像汽车以前它就是诺基亚，以后的汽车，它会变成苹果。所以对于我们本土品牌来讲，它是非常具有这种意义的，我们可以去做弯道超车。

第三个，它在商业模式上有很大的改变。我们都知道其实卖汽车的利润率并不高，但是后汽车市场，就是我去维护一部汽车，保养一部汽车，大家知道毛利是多少吗？ 80%。但是一部新能源汽车，“咔”没了。它能够极大地去改变整个行业，所以这个是新能源汽车，它对于整个汽车行业，它是由外向内的一个改变。

王牧笛：好，谢谢一桦。那最后的时间我们讲一个我在汽车论坛上看到的段子。汽车社群、汽车论坛和汽车俱乐部是非常活跃的。网友互相推荐车。我最近看了一个汽车论坛的帖子，给我气死了，给大家分享一下。

这个帖子是这样说的，一个哥们儿留言说：有没有懂车的朋友？有没有熟人帮我咨询一下，价格在 50 万 ~160 万之间的车动力 3.0T 以上，外观要好看，最好是白色德国车系，内饰最好是全真皮的，带全景天窗，最好是越野车。有认识的推荐我几辆。我要用作手机屏保。谢谢，谢谢郎教授，谢谢各位。

第九章

华为，引领 5G 时代

中国的华为，它既会做手机，又有科研能力和专利，最重要的是还有话语权。我们发现华为已经成了 5G 时代的引领者。那这个事到底真相如何？尤其是 5G 时代，对于我们每一个消费者、每一个用户来讲又意味着什么？且看郎教授本章解析。

迪一声

今天咱们先来聊一聊中国古代四大发明：指南针、造纸术、印刷术、火药，没有麻将。四大发明代表着中国古代的科技水平，很长一段时间，可能一直到晚清，我们的科技水平都体现在四大发明的水平，没有根本性的突破。这是李约瑟的一个重大的问题，也是工业革命之后中国科技落伍的一个现象。直到改革开放后的今天，我们在很多领域才开始进入到世界的前沿。

首先，高铁。中国高铁目前总的营运里程是 2 万公里，世界第一，可以绕地球半圈，但是跟某种奶茶相比还差一些，因为奶茶号称能绕地球两圈。中国高铁最快的时速是多少？ 300 公里，外国人非常吃惊，其实他们不懂，这是我们中国公路堵车的慢，这叫报复性增长。

第二个品类中国的这种在世界中居于前沿的叫作电商。这个大家都熟悉，中国最近已经连着几年成为电子商务的全球最大的市场。11 月 9 日是什么日子？美国大选，那是特朗普战胜了希拉里决定性的一天，成为美国总统的日子。但是女编导告诉我 11 月 9 日是“双 11”倒数第三天，为什么关注“双 11”的人比关注美国大选的人多？是因为美国大选不打折，“双 11”打折。中国的电商实在太牛了，他们提前知道希拉里会落选，因为 11 月 9 日之前，在那个大选的后期当中美国人下单订购支持特朗普的小旗比订购支持希拉里的小旗多了很多。小旗是哪里产的？中国义乌，所以归根到底真正的预言帝还是义乌人民。

第三个品类：中国最近很流行的一个概念或者一个产品叫作民用无人机。中国无人机现在非常猛，中国现在有民用无人机的商家 400 多家，供应全球 70% 的市场。所以说中国人岂止是站起来了，简直是飞起来了。为什么中国人做无人机特别牛？因为咱们中国人都相信这么一句话：“人在做天在看。”所以即便连“雷布斯”雷军，都在搞直播做他这个小米的无人机。直播的时候无人机落地爆炸了，成了“爆品”。所以我特别想问雷布斯：“雷总，Are you OK？”He is fine（他很好）。最近中国的手机非常的厉害，国产手机非常猛。全球智能机市场份额排到前七名的，有五个是中国手机。所有的这些国产智能机当中，我个人最看好的就是华为，它既会做手机，又有科研能力，专利，最重要的是还有话语权。我们发现华为碾压了高通，已经成了 5G 时代的引领者。那这个事到底真相如何？尤其是 5G 时代，对于我们每一个消费者、每一个用户来讲又意味着什么？有请我的搭档，著名经济学家“郎旋风”郎咸平先生。

郎来了

一、华为拿到 5G 标准，意味着什么

今天是一个愉快的日子，华为竟然拿到了 5G 的标准，这个太难得了。

你们第一个问题就是什么叫作 5G 的标准？那么标准非常重要，记住，你去杂货店、五金店买了电灯泡，不管是多少瓦数的，不管是哪一家生产的，我保证回到你家一定装得上去，这就是标准。你买的插头一定插得进插座里。不可能这家买的插不进去，那家买的插得进去，这就是标准，所以标准是非常重要的。

那问题是什么是 5G 的标准？华为这次又拿到了 5G 的百分之多少的标准？这是我们今天要探讨的话题。首先我们来个科普，今天全世界都是十进制的，比如说你欠我 203 块，我就知道你是欠我 203 块，这是十进制的。那如果今天二进制，你欠我 203 块是什么结果？十进制 203 块，二进制的话是这样子，二进制只有 0 跟 1，十进制有 0 到 9，你欠我多少钱知道吗？你欠我 1101011 块。如果一旦换算成二进制的话，我们整个度量衡都改变了。讲话都改变了，你欠我 110 多万元其实换成十进制的话，只是 203 块。那么电脑为什么一定要用二进制呢？因为电脑是个电子设备，灯一闪就是 1，一灭就是 0，速度非常快。所以二进制对电脑而言，是最具有操作性，速度最快的。

在了解了二进制之后，来讲什么叫作标准，我们讲一句话《财经郎眼》是中国最好的电视节目，我这样讲，可是《财经郎眼》这四个字和下面的中国、电视比起来的话肯定是比较少用的。那怎么办呢？你有长编码，有短编码对不对，不常用的就用长编码，常用的用短编码，为什么？短编码跑起来比较快。如果你都用长编码就多了这么一块用不到的地方。不常用的用长码编码，常用的用短码编码，这就是标准。

那么华为拿到了什么？我们传输资料，这些资料传输通道，叫作数据信道，就是传输。如果我们传错了怎么办？比如说 1101011 变成 1101010 了怎么办呢？这时需要纠正，就需要靠控制信道来纠错。因此，长编码有长编码的数字信道以及控制信道，短编码有短编码的数字信道以及控制信道。所以总共有四个信道：长编码数字信道，长编码控制信道，短编码数字信道，短编码控制信道。华为拿到了什么？华为拿到了短编码的控制信道，其他都不是它的。短编码的数字信道，长编码数字信道全部是高通。所以华为只拿到了 25% 的标准，高通拿到了 75% 的标准。可是各位朋友，这已经是个伟大的革命了。因为过去高通是 100% 的标准，这个标准有什么用？你们买苹果手机，如果一台 5000 块的苹果手机，每买一部手机，要付 250 块钱给高通，那现在呢，它只能拿 250 块钱里面的 75%，那 25% 呢，要给华为。我相信到 6G 时代，以华为的实力来看的话呢，它很可能可以拿下 4 个标准。为什么这么说？华为的研发不得了。

二、华为的研发积累，中国企业应该认真学习

在 2009 年之前，高通都超过华为的，从 2010 年开始，华为一路向上到了 2015 年，华为 92 亿美元，高通只是 55 亿美元而已。而且华为在中国境内有 5 万多个专利，在境外有 3 万多个专利，全世界排第一。因此华为能走到今天，是靠了这么多年的研发积累才走到今天，这对我们中国企业而言是非常少见的。所以为什么我们一定要透过这个案例来告诉各位，我们中国的未来是有希望的，因为实在太不容易，太感人了。如果到 6G 时代，它能够拿到 4 个标准的话，这四块的话那不得了，凭这个专利收入就不得了，以高通为例，它 2015 年的专利收入占了 33% 的销售收入，厉害得很。

三、5G 时代是一个不可想象的自动化时代

下面呢，我们就要来讲一讲到底 5G 带给我们什么东西。各位都记得

1G 吧？大哥大，只能打电话和接电话，记不记得？到了 2G 加了个短信，通话更稳定。到了 3G 时代可以上网。到了 4G 时代，多了一个高质量的视频通话。那么现在进入 5G 时代，无人驾驶、虚拟现实（VR）、网络机器人等等。到了 5G 时代什么概念？它下载速度非常快，我们来做个比较，3G 比 2G 快了 130 倍；到了 4G 时代和 3G 相比呢，只快了 3.3 倍。到了 5G 时代呢？5G 比 4G 快了 825 倍，吓不吓人？下载电影那都是几毫秒的下载速度，你都感觉不出来就直接下载下来了，这下载速度之快是你不可想象的。

这还没有什么，第二个更重要的叫时延，时间延迟，也就是说下载速度是 4G 的 825 倍，但是到你从按钮到它开始下载这个时间叫延时，这个时间有多长？2G 时代是 629 毫秒，3G 是 212 毫秒，4G 是 100~170 毫秒，到了 5G 时代，就是 1 毫秒。各位朋友，你知道什么叫 1 毫秒吗？你拿针刺你的手指头，痛觉到脑袋里面，是 29~200 毫秒，比较迟钝的人大概 200 毫秒。5G 时代，1 毫秒，速度比你快得多得多。因此 5G 时代的自动驾驶汽车是最安全的。它反应比你快，所以到这个时刻你发现，这种所谓的自动驾驶汽车就成为可能。那么我们特别拿这个数据跟各位谈，按照一般人来讲的话，一旦碰到危险，反应时间是 0.5 秒，假设一个人是每小时 100 公里的速度在开车，当看到危险紧急刹车的时候，他的反应时间是 0.5 秒，你知道跑多少米了吗？已经跑了 13 米了，就是 1300 厘米了。5G 自动驾驶只有 2.8 厘米。所以到 5G 时代，自动驾驶汽车是一个必然，因为它最安全。同时 VR，比如虚拟现实，目前什么困难，信息传输速度不够，到了 5G 时代就没有问题了。所以各位朋友请你注意，5G 时代是一个不可想象的自动化时代，这个时代，大数据的收集将变为一种常态。

因此我们每一个企业，每一个老百姓都要学习。5G 时代的一个新的冲击，这个冲击是极其巨大的。就是因为 5G 时代来临了，而在这个时刻，我们中国杰出的公司华为是全国企业的表率，它竟然拿到了 25% 的标准，不容易。我相信凭我们中国人的努力，凭着华为的努力，到 6G 时代，我们预计可以拿到 100% 的标准。

三见客
——5G 时代，如何改变我们的生活

（本期嘉宾：

吕廷杰：北京邮电大学经济管理学院经济学教授，中国信息经济学会副理事长）

王牧笛：最近很多小伙伴在微信朋友圈里惊呼“厉害了我的哥”，就是华为哥，厉害了。微信朋友圈里的小伙伴纷纷说华为碾压高通，引领 5G 时代。更加厉害的可能就是我们无比期待的这个 5G 时代。这个 5G 时代，对于我们来讲意味着什么？是一个怎样的图景？所以今天我们要请来一位非常专业的权威人士，北京邮电大学经济管理学院的著名经济学教授，也是中国信息经济学会的副理事长吕廷杰教授。我得先求个真相，这微信朋友圈现在吵吵这个什么碾压、那个什么引领，这个中国的 5G 时代到底会是怎样的？

吕廷杰：我想这应该是因为过去我们国家早已经成为世界上最大的移动通信市场，但是大量的移动通信技术的核心专利是在外国公司。

在欧洲，特别是美国的高通公司手里我们也拥有一部分专利。或者一些核心技术，但是都不能成为它的最基础的东西，所以这次我觉得它具有一种标志性。

我经常想，有点像许海峰当年参加奥运会，一枪打下一块金牌来。你说我们仔细看一个射击的金牌，在奥运会，现在我们一拿就是上百枚奖牌好像不算什么，当时的那块金牌确实具有划时代的意义。因为中国人来了。我们讲的核心就是讲它物理层的标准，这是最基础的。就相当于什么

呢？就像说我们盖栋楼，那么有人把地基做了。无论你上面装修多么漂亮的房子，盖出多么好看的一个建筑，但是基础是人家的，我应该说这件事确实具有划时代的意义。但是大家必须知道，5G 可能现在它的研发聚集了世界上信息技术产业或者企业领域几乎所有的巨头。这些公司都投巨资在研究，而 5G 是一个巨大的系统工程，它里边涉及大量的各个层面的比如包括基站、终端、软件等好多层面的技术。所以华为虽然开了一个非常好的头，我们也希望华为后边能拿到更多技术的这种标准，但这算是万里长征第一步。

郎咸平：这已经很不容易了，但是它还不能说我们就整个把 5G 控制、掌控了。其实我看到很多微信朋友圈过于激动，过于兴奋。所以我讲得更具体一点，我们拿到 25% 的标准还不够，以后希望都能拿 100% 的标准。

吕廷杰：对，25% 已经很不容易了，我们毕竟进入到了物理层的最基本的这个技术标准中。国际上关于物理层的这个编码技术，大概分为三大流派，就是三大标准。那么在 3G、4G 的时候，主要用的是欧洲的一个。就是法国人开发的 Turbo 的那个标准。这次欧洲的标准在物理层的标准里边已经没有采纳它了。因为它的标准在效率上还是有一些问题，美国的 LDPC 的标准其实大家并不生疏。我们的 WiFi 用的就是这个标准。所以当时估计国际标准组织，国际电联的标准化组织考虑用它，就是说有一定的继承性，就是大家在原来的网络设备、终端设备上可以用它来做数据信道的传输，可能有一定的继承性，避免大规模的更新设备。但是我们最重要的是，拿到了控制信令的短码的这个标准。那么控制信令在通信网中，控制信令相当于一个指挥系统，它是非常基础的一个网络的标准技术。但是我必须讲一点，现在我们定的这个 5G 的编码标准，相当于说我们要开一个会，我们有个国际组织。这个国际组织先要定我们用什么语言，来作为我们会议的官方语言。但是后边还有其他国家的企业也在开发基于 Polar

码的一些个解决方案。也就是说这里边别人也可能会拿到一些专利，所以这个东西是万里长征第一步，这个解释是对的。

郎咸平：所以大量的专利还会再出来，大量的研发工作要做。

吕廷杰：对，5G 是一个巨大的系统。

郎咸平：你说我们国家这些信息产业里面，会不会有什么正面的帮助，正面的促进作用？

吕廷杰：华为提出这个技术标准，其实不仅有华为的努力，还有我们国家大量的企业的参与。而且这次特别比较罕见的中国军团是空前团结。

王牧笛：我这儿有资料，在华为力推之下，中兴、阿里巴巴、小米 OPPO ViVO 等企业全部支持极化码的方案。而且当时有个与会的人接受媒体采访的时候说这个部分话语权的取得他用的词叫“惨烈”，用的是“惨烈”这个词，就是不容易。

吕廷杰：工信部曾发布了面向第五代移动通信系统的 24 个重大科研领域这个项目，所以国家已经投巨资在这里边研究，可见这个项目之大。包括中国移动、中国联通这样的运营商都参与进来，包括中国电信它们，这次华为拿到了短码编码的叫控制信道。

郎咸平：那么是不是其实它的实力应该可以全部拿下？按照客观来评断的话，你认为它应该拿到多少，百分之几？

王牧笛：就是它跟高通之间的差距到底有多大？

吕廷杰：客观地说，我们国家的通信设备包括 IT 设备，就是信息设备的这个制造商在产业化产品能力方面是非常强的，现在已经是世界领头羊了。包括华为在内，但是在基础研究上，相对还是比较薄弱的。我相信基础研究。

郎咸平：你说是数学。

吕廷杰：对，就是编码最基础的数学以及数学所带来的各种学术。

郎咸平：我们现在的年轻人都念金融去了，念经济去了，没有人念数学了。

王牧笛：所以郎教授的专业是显学，您的专业学的人比较少，但是您的专业是对我们国家最有用的。

吕廷杰：令人高兴是，华为在特别基础领域的研究是在研发能力应用技术的能力是非常强的。我告诉大家国际电信的这个 ITU（国际电信联盟）国际电联的标准化组织其实对 5G 的应用提供了三种主要的场景。现在华为拿下的，只是其中一种场景的信道控制码标准。所以我简单说说三种场景我们可以预见，华为可能后边继续能够拿到另外两种场景中比如说数据信道的编码或者是这个控制的编码标准，那么这三种场景就涉及我们了解 5G 的应用。

王牧笛：现在我们说不远的将来可能会在我们身边出现的 5G 时代到底意味着什么？刚才教授说 5G 比 4G 快了 800 多倍，那在您看来 5G 意味着什么？

吕廷杰： 5G是一场革命，它的革命是郎教授讲到的万物互联，它不仅要把人、计算机连在一起，而且要把我们身边的所有我们想可控可管理的物包括我们的汽车，包括我们的环境，包括我们生产工业互联网中的各种的人、财、物的管理，进销存管理。商业、零售业的进销存管理，所有这些东西都甚至可视化、可控、可管理化，这就要求一个巨大的网络能力。所以5G，我把它总结叫作"一高两低三大"。什么叫"一高"？高可靠性。郎教授前面讲的这个无人驾驶汽车需要用网络来控制，要用一种增强现实的能力，比我们人还能感知到周围环境的变化。它反应更快，否则的话，这个网络连接没了，前边亮红灯了，我要让你停但是这段时间没信号了，或者时延了就不行了，这就是高可靠性。"两低"是什么？叫作低功耗，低时延。这个就是说在这样的万物互联情景下，不能像现在这样，它的所有的技术研发要求一个低功耗，否则你到处要充电嘛。万物互联它需要非常低的功耗的，你不断地到处找地儿充电这就成了一个问题。

王牧笛： 3G时代每个使用苹果手机的男人都是爱家的男人，因为要回家充电。

吕廷杰： 要回家充电，然后还要低时延。其实我们现在4G的，它要求的能够达到20毫秒以内，控制在20毫秒以内的时延，但是5G要求是0.5毫秒。那么"三大"是什么？大连接，就是刚才讲的无所不包，让一切连接，让一切互联。人、机器、可穿戴设备、传感器、环境。各种各样的东西被我们连接和各种应用被连接到网络中叫大连接。第二，大覆盖。因为要大连接，就要无处不在的覆盖，我们叫泛在化的覆盖。然后呢，我们说还有一个大容量。它还会因为技术的升级，会带来资费的下降。

王牧笛： 我也想问这个问题，"唰唰"传的时候是不是费用也"唰唰"

地上去？

吕廷杰：如果网速是现在百倍以上，费用的付出也跟着800倍的费用，那我们谁也上不起网了。它恰恰有很多的技术资费会下调。它会使得网络的利用非常高效，所以在这样的情况下，它会使网络的成本大幅度降低。所以在你使用高速的、大容量的、大带宽的这种5G网络的时候，其实它的费用并不会明显地增加，可能跟现在差不多，就是速度提高100多倍。如果跟现在你每月的支出差不多的话，那就是价格降低100多倍。

王牧笛：吕教授讲得这么令人激动，又是快，然后这个费用还便宜。那这个令人激动的时代什么时候能到我们身边呢？您给预测一下5G时代什么时候到来？

吕廷杰：这一次急着通过信道的编码其实是美国高通公司在推，因为它认为它的这个LDPC码已经比较成熟了，多年用在WiFi上它给了个时间期限，2020年的东京奥运会期间要用5G。有些基础的东西现在就要定，好多技术要逐步地解决。

郎咸平：你刚刚讲有三个场景是什么？

吕廷杰：一个场景就是这个宽带的，我们讲4K以上的宽带的多媒体，流媒体视频内容，这是一个应用场景，现在我们华为拿下，就是这个场景下的控制信道的信号编码场景。

郎咸平：还有两个场景呢？

吕廷杰：另外一个叫物联网场景，就是万物互联的物联网场景。第三个是专门针对工业互联网，工业制造业的这两个标准还没出来。所以华为正在争这两个，华为还有很大的可能性会拿到其他的标准。

郎咸平：那太替它高兴了！

王牧笛：厉害了，我的哥！

吕廷杰：工业互联网和车联网这种东西它的信息量在瞬间传得不会太大，但是它不允许时延，就相当于我们在通信中有两类业务：一类比如我跟您打电话我说一句您半天才听到，以前我们用卫星的时候就这样。然后您说一句我半天才听到，我们很难受。看视频，它要求容量非常大，你看视频那个比我们打语音电话占的带宽要宽得多。但是看视频图像“啪”断一下，抖动一下，只要不是看足球赛射门那一瞬间，好像我们能容忍它。在通信网中，这就回到通信很基础的技术了。它这个场景不同，对这个信息传递的质量的要求和解决方案是不一样的，所以 5G 会针对这种多场景去架构它的技术。

王牧笛：两位教授我们三个聊得比较激动，手舞足蹈地聊了一个特别具有想象空间的事。我不知道我们嘉宾是否也很激动，我们想问一下平点金基的主编韩平，华为和 5G 时代这事，您有没有很激动？

韩　平：原来对 5G 也不是很了解，但是听这么一讲，确实还是很兴奋的。过去我们老是说高通有那么多技术“碾压”我们，那我们现在自己有技术了，我们是不是应该也去“碾压”别人呢？

王牧笛：您指的是专利权、专利费，收专利费是应该的嘛，这难道不应该吗？

韩　平：对，所以我就觉得既然是应该的。华为这么千辛万苦地拿到了这个专利，那么它去“碾压”别人也应该，那我觉得当初高通“碾压”我们那是不是也是应该的呢？

王牧笛：教授，她是个国际主义者。您来回应一下，这个专利费是不是应该的？

吕廷杰：这个专利，国际通信技术的专利中有这么一个原则叫交换原则。这个交换原则就是说如果你也有5G中的某些核心专利高通也有，这个爱立信也有，互相之间交换使用别人的专利不用付钱。所以华为可以显而易见地在未来的5G设备的开发中，它可以少支出很多的专利费，它的成本就会下降，但是对于那些没有这个专利技术的发展中国家或者其他的一些国家怎么做，我倒觉得我们应该有一个国际视野？

有些特别是相对落后的国家，我们应该支持它们。华为本来也是这么做的，为什么在非洲、在很多落后地区做得好？它是给人家减让了很多的利益。

王牧笛：科学家有自己的祖国，但是科学没有边界，专利也没有边界。这个话题，我们听听彭澎老师怎么说？

彭　澎：我想这个5G，确实它有一定的划时代的意义。那么我想这里面还有一个市场，中国的市场足够大，而且华为又“走出去”了，所以它是市场和技术的积累的支撑。你没有这么大的市场，可能你的技术也没有那么被看好。据了解好像华为有很多个国家都认同它的这种技术标准，我想中国这么一种发展的格局，一个方面是技术上面，慢慢地开创了制定标准的时代；还有我们在国际规则上面，也开创了一个制定规则的时代。所以这里面，我觉得两者是相通的。技术的标准、经营的规则我们两个同时并进，我觉得像华为这种本土的跨国公司是做了很大的贡献。可能我们中国也需要更多的这样的公司的出现。

王牧笛：关于华为和 5G 的这个话题，网友很少有这么汹涌澎湃、潮水一般的问题涌过来，有关于华为和 5G 时代的问题，我们请我们本场的“郎女郎”小湘来代为提问。

付湘军：今天的第一个问题是来自于我们的微信网友“Amay 陌茉”的提问：她说科技的快速发展让她感到非常的欣喜，同时又有一点点小小的失望。因为据她所知，当绝大多数的人都在享受着 4G 所带来的便利和快捷的同时，还有很多在农村生活的小伙伴被这个信号差的问题所困扰。所以她想问两位教授，5G 是个全新的时代，也让人对未来的 5G 非常向往，那么 5G 覆盖使用之后，偏远的地区信号不稳定的问题，会得到重视和改善吗？

吕廷杰：这个网友思想是非常非常有前瞻性。在国际通信组织中有一个最基本的命题叫“universal service”，普遍服务，就是要解决这个问题。现在为什么网络发展了，本来说世界是平的“The world is flat”，结果反而弄成数字化鸿沟呢？就是因为她讲的这个问题，所以目前我首先说 5G 里边在场景应用中，其中考虑到了这种稀疏的应用，不像城市这样密集的稀疏地区，特别是这种低流量的应用地区的这种解决方案。它考虑这个，因为这是它必须要解决的一个我们叫多元异构化的网络场景。同时我们现在也欣喜地看到有更多的补充技术。我们注意到最近国际上的一些卫星组织，包括中国的卫通公司都准备发一些个做 WiFi 的卫星，这些 WiFi 的卫星就是比你铺光缆要廉价得多。它就去覆盖广大的农村，甚至老少边穷地区都能够得到一种网络的覆盖，能够真正享受未来的信息文明。

付湘军：第二个问题还是来自于我们微信的朋友“大叔”，他说一直以来我们使用的通信网络这些技术无一例外都是来自国外的，需要我们支付高昂的专利费。但是现在华为的5G通信技术，已经逐渐地成熟了，未来一旦实现技术的国产化，对于我们消费者来说5G时代究竟还能够给我们带来什么样的实惠呢？

吕廷杰：刚才我们谈到专利交换，如果我们有更多的核心专利，我们国内的这些IT企业、通信设备制造商就会使我们网络的成本大幅度降低。这个降低当然就会回馈到消费者身上，运营商的投资就会减少，我们的网络运营成本就会降低。更重要的是这个技术本身也隐含着要降价提速，因为新的技术升级不断在实现降价提速，它在改善市场效率，所以给我们带来的是什么呢？就是我觉得更加丰富的应用，远远超过我们今天想象的各种应用。

王牧笛：教授讲过华为的几板斧，所以最后我还想请教您，就是华为为什么会成为今天的华为？我们有各个角度解读，但从您专门研究信息经济、通信这块的角度讲，您认为华为为什么会成为今天的华为？包括专利申请，去年是全球第一，研发投入去年是全球第九，我估计很快也会变成全球第一，为什么会成为今天的华为？

吕廷杰：我想从一个不同的角度来看看这个问题。因为好多经济专家、管理专家都从各个角度解读了华为，但是有一点我们一定要知道，华为这么多年在国际上打了不少专利的官司，你知道好多专利官司实际是惨痛的教训。

郎咸平：对，我们知道，我们也多次谈到过这个话题。

吕廷杰：有的时候，也许一个人、一个企业在它的成长过程中最大的敌人就是它最大的助手。

我们在这整个国际的竞争过程中是一个学习的过程，我相信华为最后通过这种国际市场的进入，使它深刻地意识到基础技术特别是一些核心技术的开发，国际标准的核心技术的掌控是这样一个高科技企业的灵魂。

王牧笛：这样的一个对华为角度的分享非常好，讲得非常好，成长的痛或者成长的烦恼，它消解掉之后今天成了华为帝国。

我们不止一次向华为致敬，当然不仅中国人向华为致敬，华为现在是世界的华为，我想听听罗密欧说一说欧洲人眼中的华为是个什么样子。

罗密欧：其实欧洲人比较喜欢华为，现在在欧洲比如说在意大利的市场上可以买得到很多的各种各样品牌的中国手机。但是最受欢迎的还是华为，在市场上排第一名还是苹果，第二名是三星，第三名是华为。

吕廷杰：截至现在的统计，华为手机今年在意大利市场上销量已经超过三星。

罗密欧：非常好，这是有原因的。因为华为并没有空降，2004 年华为进入意大利市场的时候并不卖智能手机，那个年代是没有的，它卖的是上网卡，就是说意大利朋友对这个品牌的认识是一步一步慢慢建立起来的。培养对它的一些信任度，信任了之后，你可以尝试用它其他的产品。比如说手机，而且华为非常聪明，比如说 2013 年的时候跟 AC 米兰签了 3 年赞助的一个协议。在意大利米兰、罗马、都灵最大的三个城市它都设立了创新中心。

所以基本上你们可以理解这是一个互相信任的过程，其他的中国品牌可能是空降的然后他们不知道是什么品牌。

王牧笛：谢谢罗密欧，我们听一听我们熟悉的面孔《中国新闻周刊》的总主笔肖锋大侠来给我们做全场的总结性的点评。

肖锋：华为它并不想碾压任何人，我相信这两天华为的公关部到处在“灭火”，不想把自己架在这个火上烤。因为大家知道以前华为终端的余承东说了一番话，要拿到行业的第一之类的，最后被误解为华为要干掉三星，要干掉苹果。马上任正非就出来说我们华为不想干掉任何人。我理解的华为，它是一个对自己极端狠然后对客户极端谦卑的这么一个群体。华为的一个海外的员工跟我说过这么一个故事，说在南苏丹发生内乱的时候，叛军攻上来然后政府军往后撤，最后只见一个人扛着那个小基站“哼哼哼”往前冲，迎着炮火上，这就是华为的人。后来无论是政府军还是叛军都成了华为的铁杆粉丝。它就是这样一点点把这个市场吃下来的，然后变成了这个全球通信设备的NO.1。那么这次也是一样的，实际上在华为的内部是禁止说“竞争对手”这四个字的。它一直说叫友商，它把所有的竞争对手实际上都涵盖为友商，其中它最敬畏的一个友商就是高通。高通它有一面叫高通的专利墙，有成千上万个像徽章的也是他们的勋章一样的专利技术，贴在它们这个大门口。所以我觉得在中国，实际上很多的手机厂商在国内很热闹，但是它不敢出国，一出国它就面临各种各样的这种专利的诉讼。所以我觉得我们现在应该调整一下思路，就是与其我们去关注谁“碾压”谁，不如去关注一下我们的这个专利的保护环境。我们应该过了手机民族品牌的这个保护期了，应该像国外一样对这个专利非常非常的挑剔，如果你要是把钱投在了营销上，这样的企业我们不欢迎，我们应该欢迎华为这样的，把所有的钱砸在这个扎扎实实的这种专利技术的研究上，这个才是我们要去关注的对象，关注的这个方向。相信国家也应该把这个注意力放在这里，让国内和国外的这种专利保护的法则一样的严厉。

王牧笛： 所以说任正非没有说自己是任布斯。最后时间讲一个故事作为收尾，也是跟华为有关。前两天华为有个员工在网上发了个帖子说他让送快递的给鄙视了。然后网友问他华为为什么会被送快递的鄙视呢？他说我“双 11”买了个东西，然后说写的是工作日送货，结果这个送快递的呢周六早上给他送过去了。然后这个华为员工就很不爽，说我不是让你工作日送货吗？然后那个快递小哥说你不是华为的吗？你们每天都是工作日。于是这个员工非常悲催地在周日的早上下楼取快递去，所以说向华为致敬。

第十章

突破重围，从中国制造转型至中国营造

在过去40年中，中国作为“世界工厂”，强大的加工贸易为我们跻身世界第二大经济体立下了汗马功劳，但为什么我们的制造业今天处境十分危险：美国的围堵，东南亚、墨西哥的步步紧逼，那么，中国制造业在“前有狼，后有虎”，升级转型踌躇不前、所剩时间有限的此时此刻，应该做什么？

迪一声

你们知道我的工作叫电视人，俗称“电视民工”，又叫“电视狗”。有了电视才有了电视行业，才有了电视观众。很多人不理解电视有多重要，认为电视不就是个普通的家电吗？今天我想告诉各位的是，电视是根本改变世界、改变我们生活、改变我们周遭的神奇的小盒子。

第一个观点：电视深刻地、深远地改变了我们的家庭、家庭关系。比如说晚饭之后，一家人其乐融融围坐在一个叫电视的小盒子旁边。没有电视的时候呢，吃完饭各干各的，有的人刷手机，有的人上网，有的人出去串门，有的去逛街，就没有那么其乐融融了。我相信很多小伙伴小的时候也是一样，家里电视是有一个布罩的，我们的爸爸妈妈特别喜欢给家电上面盖一个布，那是一种仪式感。每次开电视时，我爸把那个布一掀下来，接下来是见证奇迹的时刻。我小的时候每次揭下布看电视都是趁爸妈不在，我记得我当时看的是《西游记》，我小时候家里电视还不好，我经常要拍一拍，你们有没有那个感觉。那个小黑白电视，拍一下，它就好了。有的时候那个天线，要用手触摸着它才能有信号。

后来累了的话挂一块猪肉也可以，我每次看的时候都要竖着耳朵听我爸妈是否回来，一旦走廊出现他们回来的脚步声我要迅速把那个布罩上，然后假装写作业。我爸特别鬼，特别聪明，我爸每次都打开布，去摸一下那个电视盖后盖，如果发现是烫的，我就被一顿毒打。后来我就想了个办法，趁他们回来之前，往电视后盖浇点水从那以后我爸再也不敢打我了。那除了改变我们的家庭，改变我们家庭生活，电视还能干吗呢？改变信息传播的速度和范围。在前电视时代，电视出现之前，我们的信息在哪里传播？在报纸、杂志，那个传播速度是非常慢的，有多慢呢？就像 EMS 一样慢，后来有了广播，广播速度倒是挺快，但是广播范围有限。为什么？广播传播，你除了有一台收音机不行，你还得有辆汽车，因为现在大部分人都是在车上听收音机。但是电视时代不一样了，电视根本地改变了信息的传播，它可以 10 亿中国人一个时间围着电视一个神奇的魔盒，看春节联欢晚会。这个信息传播的速度和广度都是非常快的，所以很多广告商选择投放了电视。说到这个广告，留给我最最最最深刻的印象就是方便面的广告。一大碗，哇，里面一大块肉，一大块鸡腿才卖 4 块。我买了一包，一打开我就受伤了，肉在哪里？后来我发现了如果是在这个方便面里面，真的有这么大一块肉我也不敢吃，你这是属于买家秀和卖家秀的关系，电视里看的和你实际拿的未必是一样的。电视在行业划分里面被划分为传媒行业，我一直认为这个划分不对，不是传媒应该是传美，传播我的美。

日本东芝是这个世界上曾经最风光、最牛的电视企业，有 142 年的历史，最多的时候员工曾经达到了 19 万人。不过前不久被咱们中国的海信集团给收购了。比如说大家非常熟悉的神户，神户不是只有牛肉，神户还有制钢，神户制钢所陷入了数据造假，斯巴鲁汽车陷入了无证质检，当年丰田曾经鞠过躬对吧，最近高田气囊也鞠躬、破产。所以说很多曾经被封神的日本制造走下了神坛，今天我们中国制造业的处境又是如何？是处在机遇期还是危机中？有请我的搭档，著名经济学家“郎旋风”郎咸平先生。

郎来了

一、制造业的传统优势已荡然无存："世界工厂"的工厂搬走了

在过去40年中，中国作为"世界工厂"，强大的加工贸易为我们跻身世界第二大经济体立下了汗马功劳，但为什么我们的制造业今天处境如此尴尬呢？

因为中国制造业出现了严重的危机。首先是我们在国际产业链分工的链条中，始终处在低端制造的位置，只能做些附加值低、利润微薄的加工贸易。更可悲的是什么？这种情况在中美贸易摩擦不断的今天，甚至都难以为继了。因为中国制造业的比较优势——土地、劳动力等成本优势全部在消失，再加上营商环境持续恶化，导致很多国际品牌在中国的工厂选择外迁或迁回本国建厂。

我要告诉各位，出现这种情况是必然的。从全球产业结构格局看，越南、印度等东南亚国家和墨西哥等美洲国家现在在土地、劳动力这些成本上都比我们有优势，形成不可避免的最新一次产业转移浪潮；另一方面，美国在经济危机里发现自己国家产业出现了空心化，美国前总统奥巴马、现任总统特朗普相继推出了很多扶持制造业的产业政策，惠普、苹果等美国公司经过一番精打细算，纷纷把工厂迁回本国；最后，更可怕的是中国制造业本应从目前以加工贸易为主的结构，调整为向高端制造业升级转型，但遗憾的是，我到现在还没有看到我们升级转型成功的迹象。

成就中国"世界工厂"地位的是什么？各位去网络搜索，答案基本都是中国制造的廉价成本，这里包括廉价劳动力、低廉的土地、能源等成本。另外，还会有指出中国改革开放初期，为了招商引资给外企在税收、进出口经营权和注册资本等方面开出了很多优惠政策。

我在这里告诉各位，你们查到的这些优势现在已经基本上荡然无存

了，中国制造的各项成本红利即将耗尽。

什么是中国制造业的核心竞争优势？很多人会说是人工成本，对不对？但我要告诉各位，我们现在的人工成本已经快要和美国持平了，举个例子给各位看：

惠普和富士康在美国印第安纳州的首府印第安纳波利斯开了一家工厂，他们在当地雇佣了1300人，在2013年的时候计划生产290万台电脑，各位猜一下，这些美国工人的最低工资是多少？每年15000美元，相当于一个月只有1250美元而已。那么富士康在当地聘请的技术管理人员的年薪是多少钱呢？也只有3万美元而已。可能有人会说，1250美元相当于7000多元人民币，绝对是高薪了，可是不要忘了，这些工人生活在美国而不是中国，他们要承担的是以美元计算的生活成本。所以我们比较富士康全球各地员工的年薪，还要参考当地的生活成本。

富士康目前在大陆的用工年薪是多少？以郑州富士康工厂为例，那里的工人最高月薪是3600元人民币。据我调研，这个工资在郑州已经算是较高水平，是当地最低工资1240元的三倍。另外，企业在中国除了要给员工发工资，还要负担他们的"五险一金"等费用，这些加在一起，我认为富士康工厂在郑州雇佣一个工人，每个月起码要花5000元。富士康的母公司鸿海集团把它们在大陆的工厂往西部迁，富士康在美国建厂，因为那里的工人工资更低一些，能降低用工成本，这说明我们在用工成本上的优势正在逐渐消失。

富士康的母公司鸿海集团是全世界最大的电子产品外包商，它对在中国建厂的各方面成本的分析和判断我认为是非常有权威性的。2012年年底，富士康放出消息，说要在美国建厂，2018年富士康在美国威斯康星州举行了动土典礼，它做这个选择除了因为中国内地的经营成本优势被美国追上，我认为一些与政策有关的税费、融资成本等问题，也在扼杀中国的营商环境，削弱中国制造的成本优势。

那么我接下来提出一个涉及面比较大的问题，就是中国的营商环境，告诉各位，中国综合营商环境位列全球中下游，政府管得太多了。

营商环境都包括什么？它指本土和外国企业在中国经营时遇到的企业开设、经营、履约等方面遵循的政策法则，以及要遵循这些法律法规耗费的时间和金钱成本。

世界银行在过去十几年里，每年从 10 个方面对全球 189 个经济体的营商环境进行评估，主要是看各个经济体对企业的监管环境。它曾经发布了《2014 年全球营商环境报告》（Doing Business 2014），各位猜中国在 189 个经济体里排第几？答案是第 96 位。

我们的排名怎么这么靠后？我认为原因主要出在政府管得太多上了，完全没有做到“政府的归政府，市场的归市场”。我给各位举个例子，你如果打算在中国建立一家工厂，撇开用工成本的问题，你首先要考虑申请执照需要多少行政审批流程，也就是要有多少个政府部门的批准你才能合法建厂。2013 年，我们的一位企业家在广州市“两会”上抛出过一张项目审批所需要经历的“万里长征图”——“一个投资项目从立项到审批，要跑 20 个委办局、53 个处室，盖 108 个章，需 799 个审批工作日。”这个事情在当时引起轩然大波，我们的政府知道后快速做出了反应，在很多领域开展了行政审批简化的改革。

我非常支持政府的这项改革，它优化了我们的营商环境，但必须指出的是，光把这一些行政机构的某项审批权限收回是不够的，还要通过其他改革让我们的政府部门真正起到为企业解决问题的作用，而不是为企业制造问题。截至 2011 年 12 月，除宪法外，我们有效的现行法律有 239 件，行政法规 714 件，地方性法规、自治条例 8921 件。各级政府根据这些行政法规和部门规章可以订立各种收费，以及处罚标准。也就是说，一个政府部门今天被取消了某项审批权，明天它很可能按照被赋予的行政权力，又为自己制定出其他的行政审批权力，然后继续产生腐败和企业营商环境恶化的问题。这个其实也叫政府的不守法成本，它还包括预缴税等问题。比如某地今年税收不足的话，地方政府可以要求你参照今年的纳税情况把明年的税先缴了，这肯定是不守法的。

再看中国中小型企业的融资成本，因为我们的利率没有实现市场化，还是央行说了算，目前还维持着全球较高的利率水平；而且我们的商业银行基本都是有官方背景的，它们在选择借贷对象时，往往很难完全按照市场原则把钱贷给有偿付能力的企业，而是很容易受地方政府的影响，把钱贷给国企、地方性大企业等有地方政府扶持的企业。因此，我们的中小企业，也就是大家说的民营企业，他们的融资成本都高达20%~50%。各位晓得美国的这个数据是多少吗？只有10%。另外，中国大型企业的融资成本是6.5%，美国是2%左右。所以从融资成本上来看，无论建大企业还是小企业，美国都比我们低得多得多。

中国曾经用来招商引资的核心竞争力没有了，企业的经营成本甚至比美国还高。此外，一直被诟病的中国法治环境、知识产权保护等问题也一直没有得到有效解决。那些在中国建立工厂的外企，甚至我们自己的民营企业都是以盈利为目的建立的，我请问各位，它们在经过一番对比、考量之后，还有什么理由非要留在我们这里继续经营呢？

我在前边讲了富士康在美国建厂的例子，实际上很多美国的公司，比如苹果、通用电气、陶氏化学、卡特彼勒、大众汽车、福特汽车等企业都在考虑成本等原因后，将部分生产线迁回美国，以便更好地匹配供应地和需求地。

这么多美国顶级的跨国公司选择离开了中国，回到美国本土建厂，它们除了考虑成本问题，我认为还受到了美国政策影响，各位晓得吗？在中国成为“世界工厂”之前，美国在很长一段时间里一直是全球制造业老大，从奥巴马政府到特朗普政府，他们的政策导向都旨在透过技术创新，推动高科技发展，引导高端制造业重回本土，鼓励企业在本土建立工厂拉动就业。

告诉各位，美国政府的野心还不仅仅是把美国企业的高端制造工厂迁回本土，他还打上了低附加值就业岗位的主意。美国如今是准备让自己成为新增就业和制造业的磁场，强调大力振兴属于传统强项的高端制造业，尽可能夯实中端制造业，同时不放弃纺织、玩具等处于价值链低端的消费品生产。

二、强有力的“后浪”：东南亚 + 墨西哥

如果说美国是利用自身的变革吸引企业回流重塑制造业，那么我们正在经历的最新一次产业转移浪潮，就是不可避免地迎接生产成本比我们低很多的东南亚国家的挑战。

稍微熟悉产业经济的人都应该晓得，20 世纪 50 年代，美国因为低附加值工作岗位的维持成本高于亚太地区，把自身淘汰的大部分劳动密集型产业转移到了日本；20 世纪六七十年代，日本又因为中国台湾、中国香港、韩国、新加坡，也就是所谓的“亚洲四小龙”的生产成本比自己低，又把劳动密集型产业转移到了这些国家和地区；到了 20 世纪 80 年代后期，“亚洲四小龙”也开始放弃劳动密集型产业，转向资金、技术密集型产业，与此同时，中国大陆正在进行“改革开放”，两边一拍即合，大陆凭借当时低廉的生产成本和政府开出的优惠政策，吸引来了大批劳动密集型产业，逐渐成了“世界工厂”。

好了，这之后又过了 20 多年，我们的生产成本不可避免地不断上涨，而越南、印度这些东南亚国家的成本优势逐渐显露。就像 30 年前我们很自然地承接了来自“亚洲四小龙”的产业转移一样，我认为我们也要面对密集型产业转移到东南亚国家的现实。

在这里，我还必须特别强调一个可怕的对手——墨西哥。为什么说它可怕？墨西哥不仅吸引到了西门子、克莱斯勒等跨国公司到它那里建厂，还在悄然无声的情况下，“突袭”了我们对美洲的出口额度，甚至极有可能抢占我们在全球的订单。我给各位提供一组数据，2009 年的时候，中国商品占美国制成品进口额的 29.3%，但到了 2012 年，这个数字下降到了 26.4%。再看墨西哥，2005 年的时候，墨西哥商品占美国制成品进口额的 11%，但到了 2012 年，这个数字上升到了 14.2%，可以说，我们失去的美

国订单几乎都被墨西哥抢去了。另外，墨西哥现在生产的电视和冰箱已经超过了中国和韩国，成为了世界第一。

根据《金融时报》的报道，墨西哥制造业出口曾落后中国 10 年之久，但在 2008 年、2009 年之后，已占据上风。而且“我们认为这种转变，很可能是结构性的和可持续的”。那么，墨西哥的竞争优势到底是什么？

第一，美国、加拿大和墨西哥在 1994 年签署过《北美自由贸易协定》。因此，墨西哥的产品进入美国是免关税的。另外，墨西哥已经和 44 个国家签署了自由贸易协定，数量是中国的两倍还多。

第二，墨西哥地理位置靠近美国，所以物流成本非常低。

第三，墨西哥有中国没有的人口红利，它有 1.2 亿人口，其中一般的年纪都在 29 岁以下，这种人口红利是不可想象的。另外，墨西哥从事制造业的本科生比例非常高，在本科毕业生中有万分之八的人会纯粹地从事制造业，而美国这个比例是万分之六。

第四，根据我们自己的研究结果，墨西哥的用工成本只有中国的一半，大概月薪是 2100 多元人民币，而我们是 4000 元。各位晓得吗？过去的墨西哥用工成本比我们高很多，比如 10 年前它是我们的 3 倍，但现在只有我们的一半。因为具备我以上总结的四大优势，墨西哥的出口额已经超过了所有拉美国家的总和，而且根据汇丰银行的估计，2013 年墨西哥进出口占 GDP 的比重，应该已经接近 70%。而中国的这一数字是近 50%。各位晓得这是什么意思吗？墨西哥的开放程度也远远在我们之上。

我在这里再给各位敲响一下警钟，2011 年的时候，克莱斯勒投资 5 亿美元在墨西哥建立了生产基地，为的是在这里生产菲亚特汽车，然后再把部分车卖到中国，前墨西哥总统卡尔德隆在奠基仪式上对他们的老百姓说：“我想这是墨西哥产汽车首次出口中国，至少是今年来的首次……我们以前一直以为，情况应该是反过来的。”

根据我们前面的分析，中国制造业所面临的危机，一方面来自欧美国家企业的回迁，另一方面来自于生产成本更低廉的东南亚等国家的危险，与此同时，我们还面临着拥有独特竞争优势且来势汹汹的竞争对手——墨西哥。

我认为中国用工成本上升是不可避免的。有一些所谓的专家建议将产业向西部内陆地区转移，来寻找新的廉价劳动力。把制造业向西部转移的建议我同意，但我希望是处于拉动西部就业的考量，而不是以得过且过的心态寻找新的廉价劳动力，因为西部地区的用工成本随着产业的发展，迟早还会升高。所以，最新一次产业转移浪潮是必然会发生的。

前几次的产业转移浪潮中，日本和“亚洲四小龙”都是怎么做的？他们都做了同一件事——承接低端产业的同时，发展高端制造业，等到出现生产成本比自己低很多的国家和地区后，自然地将劳动密集型生产环节转移出去，自己留下高端制造。

好了，现实的问题来了。我们承接低端制造 30 多年了，现在在高科技方面、创新方面有突破吗？我们能像美国、日本、新加坡那样顺利地完成转型吗？不可能！比如飞机发动机、医疗器械、机器人、新材料等技术，我们自己的研发和商用转换还很不成熟，美国对知识产权又保护得密不透风，产业向高端升级还只是口号。那么，我们在原处再多停留几年可能吗？不行，因为你身后还有来自东南亚国家和墨西哥的步步紧逼，他们迟早会从我们手中接过低端制造。

归结起来，中国制造业当下的处境相当尴尬，完全是“前有狼，后有虎”，而且我们还必须在很短的时间内实现产业结构升级，跨入美国、日本等的行列，否则一旦在产业结构升级之前先被东南亚国家或者墨西哥夺走了低端制造，那么我们就很有可能落入“世界工厂”，没有“工厂”的境地。大家不要忘了，中国经济的一半体量都在靠贸易支撑，一旦国际贸易出现问题，我们将面临可怕的经济危机。

三、中国制造业结构升级转型：十年，毫无建树

我在前面提到的产业结构升级转型其实早在 10 年前，我们的政府就

已经开始意识到了。但是非常遗憾的是，我们的各级地方政府以及一些企业在实行产业升级转型的时候，犯了几个严重的错误。

1. 谁说传统劳动密集型产业没有一点可取之处？

各位有没有发现一个现象？就是我们的地方政府在制定所谓的产业政策时都会出现一个怪圈——“一放就乱，一乱就收，一收就死，一死就改”。为什么会出现这种状况？因为我们的决策一向是“根据表面现象作决策”。

我必须清楚地告诉各位，我个人从不反对产业升级转型，因为我们确实需要高科技和资本密集产业，但是我反对根据表面现象做出的决策。什么意思？首先，我想请问各位读者，是谁告诉你传统劳动密集产业的毛利率就一定是低的？这简直是谬误！

我以美国玩具公司美泰为例，给各位分析一下，它的毛利率在几年前都超过了40%。和技术密集型的芯片企业毛利率相当。为什么呢？因为美泰自己不做制造环节，只负责玩具产业链上的产品设计，原料采购、仓储运输、订单处理、批发经营及终端零售等六大环节。这六大环节再加上玩具制造，就是我经常提到的一个企业的“6+1”产业链。在这个案例中，美泰控制了“6+1”中附加值最高的6个环节，把附加值最低的加工环节放到中国的工厂来做，这样美泰就把玩具的大部分利润吸干，然后留下蝇头小利给中国工厂。

我们的地方政府还有一些企业只看到玩具的加工环节利润少，就把整个玩具产业定性为低利润的劳动密集型产业，在搞地方性产业结构升级转型时，把整个玩具产业放弃掉。这个思路是错的，应该怎么做？不仅是玩具制造，其他加工贸易工厂都应该在加工的基础上，发展产品设计等附加值高的环节，也就是发展“6+1产业链”里边的6个环节。但是遗憾的是，据我的观察，我们很少有地方政府能够非常清晰地透过现象，看清产业结构转型升级的本质；另外，我们的一些企业即使有搞研发的想法，但是也很少有魄力和能力拿出足够多的人力、物力来发展全产业链。

2. 我在这里还想再提一下另一种产业升级转型的谬论，我曾经遇到过一些地方政府在决策转型路径上，错误地认为彻底抛弃原来的加工生产线，再要花大钱从国外买来一条全新的生产线，就叫产业升级转型了。改革开放以后，特别是2001年中国加入WTO后，大家都觉得世界贸易的大门终于朝我们开放了，从此我们可以在开放的贸易中斩获经济收益和提升技术水平。各位，这种想法真是太天真了！

20世纪90年代的时候，中国很多制造企业的科技技术和管理技术在世界上都是落后的，这里面包括很多大型国企。那么我们的地方政府和大型国企是怎么做的呢？它们企图通过被国际知名同行收购，让人家派专业人员来改善我们国企的技术和管理缺陷。各位晓得这个做法叫什么吗？叫与虎谋皮！

我给各位举一个很悲惨的例子，1994年的时候，世界著名的卡特彼勒公司（建筑工程机械和采矿设备、柴油和天然气发动机以及工业燃气轮机的全球领先企业）已经进入中国市场近20年了，但是还是没有多少人知道它，卡特彼勒想以和中国企业合作的方式打开市场，与此同时，我们的大型工程机械国企徐工正好在找外国企业合作，打算“以市场换技术”。两方一拍即合之后，就创建了卡特彼勒徐州有限公司，徐工和卡特彼勒的股份比例是40：60。这个工厂做什么呢？生产液压挖掘机。

工厂已开始只是接受卡特彼勒从美国运到中国的零部件，然后把它们组装起来再卖给中国企业，其实和服装业做的加工贸易的性质是一样的。那徐工肯定是不会同意的，它和卡特彼勒合作共享中国市场是为了学对方的技术，还可以通过生产零部件获得更多盈利。

各位觉得卡特彼勒会不知道徐工的想法吗？它当然知道，而且它比徐工更加精明。卡特彼勒和徐工说，等我在中国市场站得更稳、取得更强的地位之后，咱们再谈技术的事儿。告诉各位，这根本就是卡特彼勒的缓兵之计。工厂建立的前3年，卡特彼勒因为不断出口零部件到中国赚了很多钱，但和徐工合资的公司却连着亏损了3年。各位注意，这时候卡特彼勒出招了。1997 年，它在合资工厂亏损的情况下，要求追加第二期投资，那个时候恰好徐工又没钱可投，只能被迫卖掉了 24.4% 的股份，使得卡特彼勒以近 85% 的股份控制了整间合资公司，在此后 10 多年里占领了中国高端挖掘机市场。总结起来，徐工和卡特彼勒所谓的“以市场换技术”的合作，最终结果是市场丢了，核心技术更是一点没拿到。

告诉各位，像徐工这样，产业升级转型没实现，反倒丢了市场或企业的案例我还能举出好多。根据国务院发展研究中心的报告，在中国已经开放的产业中，每个产业排名前五名的企业基本都是外资企业。举例来说，电梯行业，占全国产量 80% 以上的最大五家厂商全部是外资控股；家电行业，18 家国家级定点企业中有 11 家与外资合作；医药行业，20% 掌握在外资手中。更可怕的是，中国 28 个主要产业中，有 21 个被外资控制多数资产，即外资是最大的股东。

这样的数据我还能找出很多，就不再一一列举了。我不知道各位看完以上数据是什么感觉，我是痛心疾首。我们在产业升级转型时期，不仅没能深刻理解升级转型的要领，还因为急于求成、与虎谋皮丢掉了国内市场。那么，中国制造业在“前有狼，后有虎”，升级转型踌躇不前、所剩时间有限的此时此刻，应该做什么？

四、中国制造业的未来在于营造利于制造业发展的营商环境

中国经济如今已经进入新常态，什么是新常态？其实说到底，所谓新常态，就是经济增速放缓并持续下行的一个委婉说法。新常态的提出，意味着政府终于彻底“放弃保八”，直面中国经济中结构性问题，不能再用“拖字诀”，也不能再用调控来代替改革、以投资来代替改革。这并不是一个轻松的任务，相反，这是一场“硬仗”，尤其需要政府壮士断腕的勇气和决心，痛定思痛进行改革。

其实说到底，还是归于政府与市场到底应该是一种什么关系？老生常谈的说法是“政府的归政府，市场的归市场”，政府不能既当运动员又当

裁判员，政府只是“搭台”，而是让企业上去“唱戏”。这个说法固然没错，但问题是，这个“台”究竟该怎么搭才合适？怎样才算一个高水平的“裁判员”？很多人几乎没有想过这个问题，甚至简单地认为政府什么都不干就最好，对此我只能说无知者无畏。纵观世界上的“失败国家”，其根本原因就是“失败政府”，一个国家的政府如果低能无效、无所作为，那么这个国家就注定成为全球竞争中的失败者。

其实说到底，政府与市场的关系，就是政府必须通过一切必要手段，实现从“野蛮增长式市场经济”向“规范化市场经济”转型，保证实现一个规范市场的稳定运行。按照经济学的定义，“规范市场”具体表现为充分竞争、公平有序，但是成立条件远比教科书经济学的完美自由市场复杂，包括严格的质量检测标准、严格的市场准入和退出机制、严格的监管机制、多种竞争的产权体制、严惩欺诈行为，以及应对危机的系统办法。显然，这些苛刻条件都不是“看不见的手”自发就能形成的，而必须是“看得见的手”有意识调控的结果。打个不太恰当的比喻，市场经济就像温室里的花朵，要给予恰到好处的养料、水分、温度，并且及时剪除杂草，而“园丁”就是政府。

具体来说，政府要做的，包括但不限于以下几点：

1. 营造有效市场

第一，简政放权，砍掉不必要的审批流程，出台负面清单，明确政府“法无授权不可为”与企业“法无禁止即可行”；第二，严格反垄断法，改革垄断行业，让民企与国企获得公平竞争的机会；第三，资源要素价格改革，如开放原油进口权、开放电网上下游；第四，税收制度改革，减轻中小型企业赋税负担。其中，对于垄断国企改革分四步走：第一步，砍掉国企的“虚胖”；第二步，提高利润上缴比例；第三步，严格限定经营范围；第四步，建立严格的预算监管和考核机制。

2. 营造法治环境

第一，知识产权保护，严格落实知识产权侵权的惩罚机制；第二，完善产品质量监督特别是食品安全监督体系，建立全产业链的严格监管机制，借鉴《吹哨法案》的内部人检举制度；第三，环境保护，花大力气治理环境污染、空气污染，关停并转污染严重的企业；第四，劳工保护，完善社保系统，重点治理拖欠民工工资行为。

3. 营造金融环境

第一，证监会改革，杜绝证监会和交易所再向财政伸手要钱，允许上交所和深交所直接竞争，对于重组和增发、上市退市应交由资本市场自行决定；同时加强证监会的监督职能，对引爆2015年大股灾的三枚炸弹——大户套现散户接盘、高杠杆配资、做空机制进行严格查处，严打内幕交易；第二，开放民间金融，破解中小企业融资难这一世界性难题；第三，规范互联网金融，目前3000多家P2P公司依然处于三不管地带，是引发金融系统性风险的最大隐患。

4. 营造产业环境

第一，对于传统产业，要破除错误观念，不是所有传统产业都“转型升级”，但通过“代工革命”，传统产业也能产生高额利润；第二，高新技术产业，需要整体战略布局，慎重选择产业政策，不能搞“大跃进”和“放卫星”，吸取光伏产业严重过剩的经验教训；第三，注重产业链集群，成功的经验如高铁，包括基建车辆、信息化和电气设备三个大类，其中每一个环节都要有数百家企业配套，中国过去从没有哪一个行业需要如此复杂的产业链集群。

最后，我想请问各位，亚当·斯密跟马克思谁是左派，谁是右派？他们既不是左派也不是右派。明白这一点，我们才不会把手段当作目的，为左而左、为右而右，只有这样，中国的经济才有希望，中国的制造业才有未来。